高校思想政治教育仪式感染性研究

王爱祥　著

華東理工大學出版社
EAST CHINA UNIVERSITY OF SCIENCE AND TECHNOLOGY PRESS
·上海·

图书在版编目(CIP)数据

高校思想政治教育仪式感染性研究 / 王爱祥著. —
上海：华东理工大学出版社，2023.1
ISBN 978-7-5628-6746-3

Ⅰ.①高… Ⅱ.①王… Ⅲ.①高等学校—思想政治教育—研究—中国 Ⅳ.①G641

中国国家版本馆 CIP 数据核字(2023)第 009448 号

内容提要

本书在梳理教育仪式的发展演化和历史经验的基础上，结合对思想政治教育仪式感染性的现状考察，提出了思想政治教育仪式感染性的概念，并将其与感染、感染力的异同加以界定。在厘清概念的基础上，本书阐释了仪式感染性的作用机理，指出影响仪式感染性发挥作用的要素及仪式感染性发挥作用的关键环节。本书尝试归纳出适应当前、面向未来的高校思想政治教育仪式的建构规范，并提出了新时代高校思想政治教育仪式系统建构的重点内容。

策划编辑 / 刘　军
责任编辑 / 刘　军
责任校对 / 章斯纯
装帧设计 / 徐　蓉
出版发行 / 华东理工大学出版社有限公司
地址：上海市梅陇路 130 号，200237
电话：021-64250306
网址：www.ecustpress.cn
邮箱：zongbianban@ecustpress.cn
印　刷 / 上海盛通时代印刷有限公司
开　本 / 710 mm×1000 mm　1/16
印　张 / 14.25
字　数 / 182 千字
版　次 / 2023 年 1 月第 1 版
印　次 / 2023 年 1 月第 1 次
定　价 / 68.00 元

自　序

时光荏苒，岁月如梭。每当在感叹时间飞逝之时，我就会回首过往的点滴，以及那些经历过的人和事，也常会思考是否还能秉持初心，并继续沿着自己的理想和目标前行。

之所以写这本书，是因为我对高校思想政治工作的“深情”。2000年，我从华东理工大学本科毕业并留校担任辅导员，之后历任药学院党总支副书记，校学生工作部（以下简称“学工部”）副部长、部长，校长办公室主任，并于2021年担任马克思主义学院党委书记、院长。时至今日，我在思政战线已深耕22载春秋，从一名“青涩”的辅导员到一名“资深”的老“学工”，感慨良多。难忘2001年，学生们偷偷为我过工作后的第一个生日时的感动；难忘2009年，和来自汶川的学生一起排演纪念“5·12”汶川地震一周年的舞台剧《延考生》时的深情相拥；难忘2004—2015年每年寒假，与12名留校学生一起吃年夜饭、看春晚的欢乐祥和；难忘2007—2015年的夏天，学生9次搬迁宿舍时的挥汗如雨；难忘每天24小时手机开机，深夜听到电话铃声，不是怕被骚扰而是怕有事发生；难忘为迎接新生精心筹备时的美好；难忘带学生军训时的激情；难忘送别毕业生时的不舍……过去的22年里有太多的难忘和美好记忆，既有对“战友”同人的眷恋，也有对未竟工作的遗憾。在割舍之间，我总想再做点什么！六年的学院思政工作，与生为伴，乐在其中；九年的学工部生涯，以梦为马，不负韶华！既然具体工作不能再做了，那就做些研究工作吧，把这些年的一些感悟、经验进行总结梳理，希冀能够带给大家一些借鉴和启发。

但究竟研究什么呢？我自己是“70后”，指导的学生涵盖了“80后”“90后”，乃至“00后”。记得我刚工作的时候，大家总是说“大学生四年一代”，不是说大学四年毕业，而是说相差四年的学生犹如相差一代人；后来，大家说“两年一代”，再到后来“一年一代”……伴随着国民经济的高速发展，大学生的特点也在飞速更新换代，老师们感叹自己老了的同时，也直呼“受不了”。这既是对学生们的赞美、爱护、关怀，也是对大学原有的灌输式、家长式教育方式的忧虑与无奈。大学生们越来越具有时代特征，从“70后”的“简单顺从”，到“80后”的“奔放张扬”，到“90后”的“叛逆自主”，再到“00后”的“独立自信”。① 当今大学的教育方式，尤其是思想政治教育方式的变革速度虽快，但总感觉走在了学生的后面，在很多时候并没有真正走入学生的内心，也就是我们通常所说的“入心入脑”。

接下来的问题是从何处入手？思想政治工作的对象是有血有肉的人，因此，高校思想政治工作必须触及学生的思想，才能发挥“塑魂”的作用。在担任学工部部长的几年时间里，我组织开展了许多大型的活动，如开学典礼、毕业典礼、军训大会（开训动员、总结等）、颁奖大会（奖学金、优秀学生等）、出征仪式（志愿者、社会实践等），其中有些活动是每年都必须开展的。这些典礼、大会开多了，每次也都形成了惯性。有了惯性，大家就自然而然地按原有做法去组织落实，既不会过多地想“为什么做”，也不会想“怎么做”。那么，新时代的大学生是否还能愉快地参与活动呢？我们可以把这些典礼、大会等校园活动统称为“仪式”。这些仪式历经时代变迁，是否还具有设计之初的教育意义和教育价值，进而实现既定的教育目标？其实，教育界对仪式是有共识的，即仪式是思想政治工作的重要教

① 不同年代学生的特点均为褒义，此处是一家之言，如有偏颇，敬请谅解。

育手段之一。新时代的思想政治教育工作者必须把控好、运用好各类“仪式”，通过仪式感染学生、引导学生、教育学生，进而实现“内化于心、外化于行”的教育目标。

在认真思考和研究之后，我发现高校教育仪式的问题是很多仪式的吸引力和感染力不足。我与很多高校同人交流过，大家都会有相同的认识和忧虑，但又不得不陷入现实的困境。高校教育仪式的吸引力和感染效果不足，这是高校思政工作者必须面对和解决的问题。因此，我希望通过对高校思想政治教育仪式及其感染性的研究，逐步探索并形成一定的理论，构建相应的仪式体系，摸索出一条可行的实践路径。

基于此，我于博士研究生阶段开始从“感染性”理论视角展开研究，将高校思想政治教育仪式作为研究对象，考察其发展历史，调研其现状，讨论其现实意义。本书主要源自我的博士学位论文，以及在攻读博士学位期间对近几年高校思想政治教育仪式现实状况的持续关注。总体而言，高校思想政治教育仪式具有“感染性”。在宏观层面上，高校通过规范性设计、程序化安排，形成了系统、完善的思想政治教育仪式育人体系，实现了对思想政治理论教育的有力支撑。在微观层面上，高校通过对思想政治教育仪式参与主体（主要是大学生）的感染触动、内化铸魂，对大学生产生了价值引领和行为规范的效果，引导大学生积极践行社会主义核心价值观。目前，关于高校思想政治教育仪式的研究集中于宏观层面，较少关注其微观层面的作用机理，而这恰恰是解决当前仪式的吸引力和感染效果不足这一问题的关键。

因此，本书在考察教育仪式的历史变迁和现状特点等宏观研究的基础上，重点关注教育仪式的微观层面，关注参与仪式的大学生个体（群体）的受教育过程、机制和影响要素等，厘清仪式感染性的概念和理论内涵。综合相关学科的研究成果，本书尝试性地提出了思想政治教育仪式感染性的概念，并将其与感染、感染力的异同加以界定。思想政治教育仪式中的“感染”可以理解为，由教育者与受教育者共同参与的，经过精心的组织和设计，运用情境设置、氛围烘托、主体互动等方式，产生具有启迪思想、传递价值等铸魂育人效果的仪式活动过程。思想政治教育仪式中的“感染性”意味着思想政治教育仪式具有“感染”的性质和功能，即仪式活动让受教育者通过过程的体验，被影响、熏陶和感化，形成感性的认知，继而受到感染、得到教育，最终成为受教育者自身对仪式所蕴含价值的深层次理解与接纳，上升为理性认识，并衍化为受教育者自身的思想理念、价值追求，乃至升华成行为。“感染”是一个过程，“感染性”是事物所具有的静态的内在属性。而一般所讲的“感染力”则是事物“感染性”的动态的外在表现，“感染性”的强弱决定了“感染力”的大小。思想政治教育仪式感染性的作用过程正是由“感”及“染”，也就是从感性认识到理性认识的升华。“感”和“染”的关系就是感性认识和理性认识的辩证统一。

在总结提出“感染性”概念的基础上，本书进一步提炼和探究“感染性”的作用机理，指出影响仪式“感染性”发挥作用的要素主要是价值内涵、主体与主体之间的关系、程序设计与编排、情境设置与渲染等，以及仪式“感染性”发挥作用的关键环节主要包括价值识别（仪式蕴含价值的预设及有效识别）、主体共鸣（主体间的情绪、情感和价值共振）、情绪强化（个体/群体的情绪、情感和价值强化）、内化铸魂（仪式价值在主体中的内化）。本书尝试提出适应当前、面向未来教育环境的高校思想政治教育仪式的建构规范，即核心是融入社会主义核心价值观，原则是尊重教育者与受教育者的“主体间性”，关键是创设完善的仪式程序和情境，要求是与时俱进、创新发展。综上，本书从高效落实“政治表达仪式”、创新发展“成长发展仪式”、传承整合“日常行为仪式”、重新审视“表彰激励仪式”、改革规范“规训惩罚仪式”和创新构建“网络教育仪式”六个方面提出了新时代高校思想政治教育仪式系统建构的重点内容。

子曰：“道之以政，齐之以刑，民免而无耻；道之以德，齐之以礼，有耻且格。”[①]作为高校思想政治教育的必要手段之一，仪式具有不可忽视的思想政治教育力量和功能，我们必须牢牢把握。希冀本书能够为高校思想政治教育仪式建设提供些许参考，为推动思想政治教育真正达到感染人、教育人的效果贡献绵薄之力。限于本人的学识和能力，本书一定还有很多疏漏和不足之处，敬请广大读者指正。

① 引自《论语·为政篇》。

目 录

第一章　绪　论

高校思想政治工作关系高校“培养什么样的人、如何培养人以及为谁培养人”这个根本问题。因此，高校思想政治工作者必须坚持以习近平新时代中国特色社会主义思想为指导，全面贯彻党的教育方针，落实立德树人根本任务，推动高校思想政治工作高质量发展。[①] 高校思想政治教育工作是党在高校意识形态工作中的核心内容，而思想政治教育仪式作为表达共同理想信念和价值追求的程序化活动，是思想政治教育的重要载体和有效手段之一，具有独特的思想政治教育魅力和不可忽视的育人力量。中国特色社会主义已经进入新时代，不断加强和改进高校思想政治教育仪式，提升仪式的感染力，提高仪式铸魂育人的实效，对于坚持扎根中国大地办教育，加强高校意识形态阵地建设，造就立志为中国特色社会主义奋斗终身的有用

① 习近平. 习近平在全国高校思想政治工作会议上强调：把思想政治工作贯穿教育教学全过程　开创我国高等教育事业发展新局面[N]. 北京：人民日报，2016－12－09(1).

人才，培养社会主义事业建设者和接班人，具有十分重要而深远的意义。

第一节 研究缘起

伴随着时代的飞速发展和社会的巨大变迁，传统思想政治教育方式正面临着巨大的挑战，研究者和一线教育工作者开始关注传统教育方式以外的一切可能手段。思想政治教育仪式由于能够让大学生在潜移默化中受到教育，强化大学生自身的使命感，逐渐成了被关注的重点。2004年，中共中央、国务院颁发的《关于进一步加强和改进大学生思想政治教育的意见》指出："努力提高思想政治教育的针对性、实效性和吸引力、感染力……要善于结合传统节庆日、重大事件和开学典礼、毕业典礼等，开展特色鲜明、吸引力强的主题教育活动。"随后几年，党中央或有关国家部委又连续下发了《关于培育和践行社会主义核心价值观的意见》等多个指导性文件，明确提出了"建立和规范礼仪制度""开展礼节礼仪教育""使之成为培育社会主流价值的重要方式"[①]的要求，这对我国现有教育仪式改革和整个思想政治教育工作的发展提出了明确目标和更高标准。高校思政工作者要探索新的教育手段和教育载体，不断增强思想政治教育工作的有效性、时代性和科学性。然而，尽管研究者已经注意到仪式在思想政治教育中不可替代的作用和无可比拟的优势，但审视当前高校思想政治教育仪式的研究及具体实践，通过仪式进行思想政治教育活动还应该从以下几个方面进行反思。

① 中共中央办公厅印发《关于培育和践行社会主义核心价值观的意见》. 中国共产党新闻网，2013-12-23.

一、新时代的历史使命对思想政治教育的客观要求

党的十八大以来，以习近平同志为核心的党中央高度重视思想政治教育工作，把培育和弘扬社会主义核心价值观作为凝魂聚气、强基固本的基础工程；倡导富强、民主、文明、和谐、自由、平等、公正、法治、爱国、敬业、诚信、友善；坚持以人为本，坚持以理想信念为核心，坚持联系实际，做到贴近性、对象化、接地气；坚持改进创新，善于运用群众喜闻乐见的方式，增强工作的吸引力、感染力，积极培育和践行社会主义核心价值观。习近平总书记指出，要注意把我们所提倡的与人们日常生活紧密联系起来，特别强调要在“落细、落小、落实上下功夫”，借助不同的时机和场合，营造有利于培育和弘扬社会主义核心价值观的情景和氛围，让社会主义核心价值观的影响像空气一样无所不在、无时不有。① 可见，培育和践行社会主义核心价值观是一个潜移默化的过程，是整个社会共同的责任，也是高校必须肩负的历史使命。这一过程不仅不能急于求成，更要在各个领域、各个层面筑牢根基、持续推进。只有这样才能推动社会主义核心价值观不断转化为人民群众的共同意识和人们的自觉行动，转化为新时代大学生努力学习文化知识，肩负起民族复兴重任的不竭动力。

党的十九大报告指出，中国特色社会主义事业已经进入了新时代。这是我国各项事业发展新的历史方位。进入新时代，我们对高等教育的需要比以往任何时候都更加迫切，对科学知识和卓越人才的渴求比以往任何时候都更加强烈。② 当代社会正在发生或者已经发生深刻的变化，这种变化也体现在教育领域，并全面影响着教育环境以及教育理论的转

① 习近平. 在中共中央政治局第十三次集体学习的讲话[N]. 北京：人民日报，2014-02-26(1).

② 习近平. 习近平在全国高校思想政治工作会议上强调：把思想政治工作贯穿教育教学全过程 开创我国高等教育事业发展新局面[N]. 北京：人民日报，2016-12-09(1).

变。就教育的本质而言，教育起源于社会群体传递和发展人类文化，以及社会个体社会化的共同需要。① 文化的传承和价值观的传递依赖于教育，个体的主体建构和个性发展同样也依赖于教育。这使得我们不得不去重新反思传统的教育模式，特别是在思想政治教育领域。教育环境的转变对传统的思想政治教育提出了挑战，这使我们必须去寻找新的教育资源。在此背景下，形形色色的教育载体都被重新发掘，并被赋予时代意义。新时代呼唤新使命，思想政治教育既是我国教育的特色，也是办好我国教育的优势，关系到“培养什么样的人，如何培养人以及为谁培养人”这个根本问题。这就要求我们积极探索，与时俱进，不断创新，既要沿用好办法，也要改进老办法，更要探索新办法，不断提升思想政治教育的工作水平和能力。②

新时代的历史使命对高校思想政治教育的客观要求，促使我们必须充分发挥仪式活动的作用，并提出可资运用的仪式教育的途径。在教育的过程中，语言、文字、图形、影音、新媒体等工具，都是承载文化和价值观的有效载体，但作为一种最本原又最全面的工具，仪式在人类历史文化的传承上发挥着不可替代的作用。人的一生必然会经历各种各样的仪式，如成人礼、婚礼、毕业典礼、就职仪式等。这一系列仪式使个体从一种社会角色转变为另一种社会角色。在这个过程中，仪式的意义、内涵、形式和功能形成了丰富多彩、意义深刻的仪式文化。仪式在它的属性中蕴含着文化烙印、价值观念、道德符号、人文情怀等多个方面，同时体现着个体的文化修养、道德品质、价值追求等。由此可见，由仪式塑造或唤起的情感体验能够长期凝结在群体和个体的内心深处，既能让参加者反复回味和再体验，也能延续并作为一种源动力固定下来。③ 仪式是极富象征意

---

① 吴晓蓉. 仪式中的教育：摩梭人成年礼的教育人类学分析[D]. 重庆：西南师范大学，2003.

② 习近平. 习近平在全国高校思想政治工作会议上强调：把思想政治工作贯穿教育教学全过程 开创我国高等教育事业发展新局面[N]. 北京：人民日报，2016-12-09(1).

③ 胡宝国. 仪式教育在高校思想政治教育中的运用[J]. 思想理论教育，2009(9).

义的，人们可以从中体验到有意义的信息。这些信息可以使仪式的参与者获得特定的内涵，但仪式的意义又经常在我们的“习以为常”中，被熟视无睹。

尽管诸多的人类学家、社会学家、思想政治教育研究者已对仪式的社会功能进行了诸多研究，但仪式对个体的教育效果、作用途径、内在机理等仍然被研究者忽视了。面对新时代的历史使命对思想政治教育的客观要求，能否通过对仪式的研究和实践加以回应，进一步提升思想政治教育工作的有效性，是本书研究内容的重要时代背景。

二、新时代的青年特点对思想政治教育的现实挑战

马克思主义认为，人的思想是环境的产物，人们的社会意识来源于人们的社会存在，并被社会存在所制约，又能反作用于社会存在。当代的大学生大多是伴随信息化时代到来和互联网崛起而成长的一代，智能化、电子化、全球化和非群体化的时代特征深深影响着他们。这一阶段也是中国社会转型最剧烈的阶段，在物质条件急剧改善的同时，新的社会问题层出不穷，传统文化与秩序在市场经济的冲击下不断解构，社会主体意识形态分化严重。这种特有的成长环境塑造了当代大学生独特的群体特征，如开放程度高、知识信息量大、思想变化快和主体意识强等。具体来看，这些群体特征主要表现如下几个方面：在理想抱负上追求自我价值实现，生活上崇尚自立自强，行为上喜欢自主决策、自我支配，突出表现为主体性和独立性强、价值观念个性化、思想意识多元化。青年价值观完成了由单一到多样、由传统到现代、由困惑到自觉、由解构走向整合的转变。作为一个承前启后、富有生命力和创造力的群体，一方面，大学生们的陈旧观念更少，学习能力更强，接受新知识更快，更具创造活力；另一方面，大学生们的世界观、人生观、价值观正在形成，缺乏社会生活经验，分辨能力还比较弱。因此，青年大学生要想融入社会和实现自我发展，不仅需要

丰富的知识作为根基,更需要正确的价值观作为指引,需要强大的动力作支撑。正是这些特点使当前的思想政治工作,如思想政治理论课堂、辅导员(班主任)的政治说教、传统的高校思想政治教育仪式等,都出现了理想与现实的严重背离。

教育对象的这些变化,带来了思想政治教育的有效性危机,带来了对思想政治教育工作实践的全新挑战,也给高校思想政治教育研究提出了新的课题。这种变化要求思想政治教育研究者以及工作者,必须面向更加贴近学生生活世界的领域去寻找思想政治教育的有效载体,切实提高教育的针对性和有效性。这也正是本书最重要的现实关怀和理论探索的方向。那么,什么样的思想政治教育仪式才能够有效应对新时代教育对象变化所带来的挑战呢?这一问题促发笔者对思想政治教育仪式进行更深入的研究。

三、新时代的教育规律对思想政治教育的理论启示

思想政治教育从根本上说是做"人"的工作,有效的思想政治教育必须适应不同的个体与社会,但这并不意味着思想政治教育就是无规律可循的。随着社会的发展进步,特别是改革开放以来,国民经济水平的快速提高以及现代化的持续深入,不断变化的社会环境对个人的世界观、人生观和价值观都产生了新的影响,这更需要我们把握教育规律和特点,采取有的放矢的行动,并最终将思想政治教育工作真正落到实处。总结教育学的研究成果,我们可以看到当前的教育理论发生了一系列相对于传统教育理论的转变,其中,在教育方法上的转向一般可以概括为实践转向、生活世界转向和语言转向。这些教育理论是对现代社会教育规律的提炼和总结,对教育方法的创新具有重要意义,也为开展思想政治教育工作带来了新的启示。

首先是"实践转向"。实践是马克思主义的灵魂,是马克思主义所要

遵循的根本理念，这种“实践转向”的真实意义，深刻体现在马克思的名言之中：“哲学家们只是用不同的方式解释世界，而问题在于改变世界。”①“实践转向”主要基于对“理性主义”教育理论的批判和反思，从人的实践活动及其历史发展出发去寻求人类解放的道路，强调知行合一的教育方法。其次是“生活世界转向”。“生活世界”的概念来自现象学家胡塞尔，后被社会学、政治学、教育学广泛引用，并成为后现代主义的重要理论来源。“生活世界”是生活主体在其特殊视界中所体验的世界，是以经验自我为中心的人化世界，人赋予它以意义与价值，它是人一切活动的背景。一些学者认为，目前的价值共识危机根源于社会的高度分化，根源于进行物质再生产的“系统世界”和进行文化再生产的“生活世界”的分离②。所以要让大众自觉认同并接受思想政治教育，归根结底还是要让源于人民利益和愿望的价值诉求，从理论形态向实际生活世界回归。最后是“语言转向”。“语言转向”认为，虽然世界在人的意识之外，即世界不依赖于人的意识而存在，但世界却在人的语言之中，即人只能在语言中表达世界。语言中凝聚着自然与精神、客观与主观、存在与思维等深刻的矛盾，因此，它要求从语言出发去反省人与外界的关系。价值观教育同样也体现为一种语言教育，教育的有效性与教育语言的有效性紧密相连。将思想政治教育的目的，在教育活动中转变为更丰富的、动态的、大众化的文字、图形、声音、动作等传播语言的符号，然后再通过语言符号的有效传播到达并影响受众。

这三层转向对思想政治教育具有重要的启示意义，它告诉我们在思想政治教育的方法上，必须关注教育过程的实践性，教育内容的生活化，以及教育语言具有传播意义的符号化，这是本书重要的理论背景。这三

① 韦建桦. 马克思恩格斯选集(第 1 卷)[M]. 中共中央马克思、恩格斯、列宁、斯大林著作编译局，编译. 北京：人民出版社，2012.

② 彭国华. 重构合理的生活世界：哈贝马斯的现代性理论研究[M]. 北京：北京师范大学出版社，2015.

重转向也再一次唤起了对教育仪式的关注，因为仪式作为一种潜移默化的、生动的、融入日常生活的、具有实践性的价值语言，恰恰可以成为思想政治教育的重要载体。

四、新时代思想政治教育与仪式感染性的实践探索

新时代为思想政治教育带来的新要求、新挑战与新启示，促使我们必须作出新的探索与改变，从而更加有效地开展思想政治教育工作。一种价值观要真正发挥作用，必须融入社会生活，让人们在实践中感知它、领悟它。这一重要论述充分体现着马克思主义的世界观和方法论，内容丰富，内涵深刻，为切实把社会主义核心价值观贯穿于社会生活的方方面面，确保将其内化于心、外化于行，推进培育和践行社会主义核心价值观这一凝魂聚气、强基固本的基础工程，提供了基本遵循。作为一种实践性的教育方式，教育仪式的特点与新时代的思想政治教育要求天然契合，能够成为新时代思想政治教育的有效承载体。但在开展思想政治教育仪式活动时，我们经常会发现，有时候引入的某些仪式起到了意想不到的效果，而另外的时候，仪式似乎又失去了应有的“魔力”。我们不禁要问，为什么思想政治教育中的某些仪式会被受众“调侃”，起不到应有的效果？作为思想政治教育的载体，仪式发挥作用的内在机理和作用过程是怎样的？影响它发挥作用的关键因素有哪些？究竟如何运用思想政治教育仪式才能增强对受众的感染？这些问题促使我们关注仪式感染性问题。

李忠军指出，“铸魂育人”是思想政治教育意识形态功能的直接表达，或者可以说思想政治教育全部活动就是完成“铸魂育人”的使命和任务；在一般教育活动完成“立德树人”任务和使命的基础上，更凸显思想政治教育对人的灵魂的引领和塑造，强调德中之“魂”的特殊功能。[①] 仪式的

① 李忠军.“铸魂育人”是思想政治教育本质核心内涵的探讨[J].思想理论教育导刊，2015(10).

思想政治教育功能及教育效果就是指仪式所能触及受教育者的灵魂，并达至铸魂育人的程度，其核心是对仪式感染机制的把握。仪式能引起情绪变化，也会引起参与者的创新思考，其产生影响的方式是有意识的或无意识的，力量来源可能是文化性的，也可能是生物性的。思想政治教育仪式感染性从其理论渊源上涉及多学科，既发端于关于仪式的人类学、宗教学研究，又依托于马克思主义理论，关注仪式功能的教育学意义，还希望借助心理学的研究成果，来探讨仪式的情感意义和价值追求是如何相互感染的。早期研究仪式感染性问题的主要是人类学家，其主要关注点是宗教与人类心灵之间的关系。人类学家试图讨论宗教信念如何在仪式中获得确证，人们的认知、心理与生理如何在仪式中产生改变等问题。心理学家的研究不再关注宗教仪式，反而专门研究情绪感染，并对情绪传递的微观机制进行了深刻剖析。在教育学领域，研究者更多地关注仪式具有何种思想教育功能。思想政治教育仪式则以马克思主义为指导，更加关注对个体对象价值观的影响与灌输，以及如何通过特定的教育仪式形成群体对象共同的文化取向和价值追求。

多学科的交叉与融合，呈现了思想政治教育仪式活动的复杂特点，也给思想政治教育仪式感染性的研究带来了困惑和挑战。新时代，伴随着社会的剧烈转型，思想政治的教育环境和教育对象都发生了深刻变化，正是在这种环境下，当代青年大学生形成了独特的文化性格。当代大学生具有社会群体分化、主体意识强化、价值观念个性化、思想意识多元化、信息渠道网络化等特征，思想政治教育在理论和实践层面都面临着全新的挑战。当前，在培育和践行社会主义核心价值观的大背景下，思想政治教育的问题依然突出，特别是对个体的世界观形成、人生观树立和价值观引领的效果极大弱化。因此，仪式本身的特点和构成要素需要不断丰富，仪式感染灵魂的内在机理亟须研究，仪式所蕴含的价值内化为青年群体价值观的路径需要不断研究与实践。进一步探索仪式的功能，以及产生这种功能的内在机理，特别是对群体中每一个个体的教化从内化于心到外化于行的过程（仪式感染性）的研究，从而深刻把握不同仪式对青年大学生产生教育功能的作用机制，可以为思想政治教育工作者提供理论和实践指导，具有极其重要的研究价值和实践意义。

第二节　研究现状

关于仪式问题的研究涉及多个学科且历久弥新，本节主要从文献梳理的层面，以仪式问题的研究为开端，梳理关于思想政治教育仪式问题的研究，以及不同学科与感染性有关问题的研究，并加以总结评述，为后文的实践研究和理论总结提供理论借鉴和参考依据。

一、关于仪式问题的研究

仪式是被社会文化研究者广泛关注的话题，最典型的如宗教仪式、庆典仪式、社交礼仪等，但学术界对于仪式内涵与概念的界定并不统一，这一方面是由于不同仪式所特有的生态环境，造成了仪式的复杂性和多样性，另一方面是由于不同流派和学科背景的研究者对仪式都有着独特的理解和认知角度，因而形成了一个从内涵到外延都不易界定的巨大的话语包容。[①] 如郭于华将仪式看作一种象征，认为仪式通过行为表述和符号表述最能体现人类的本质特征，同时，仪式由于融入人们的日常生活，因而被人们习以为常，甚至想当然和视而不见。[②] 薛艺冰认为仪式作为一种社会文化现象，是人类历史上最普遍也是最古老的活动之一，她从多个角度对仪式活动加以分析和理解，分别对仪式的行为、情境、意义和功

① 彭兆荣．人类学仪式研究评述[J]．民族研究，2002(2)．
② 郭于华．仪式与社会变迁[M]．北京：社会科学文献出版社，2000．

能等方面进行了阐释。[①] 按照弗雷泽在《金枝》中将仪式文化的发展划分为从巫术到宗教，再到科学的方法，笔者将仪式的研究也概括为三个阶段：仪式的描述研究阶段、仪式的功能主义研究阶段以及现代科学仪式学说阶段。

一是仪式的描述研究阶段。这一阶段主要指早期人类学者开展的异文化研究，偏向于对仪式的过程与形成的描述。信仰与仪式向来是人类学者主要的观察焦点和论题，他们认为文化的基本特质是由神灵信仰和仪式构成的，同时，神灵信仰和仪式也构成了社会形态的象征展示方式。[②] 彭兆容在对人类学研究的评述中指出，早期的人类学家对仪式的研究主要集中在“神话—仪式”的领域。[③] 简·爱伦·哈里森在《古代的艺术与仪式》中对古代各民族的宗教、道德、艺术、仪式以及戏剧等进行了论述。[④] 这一阶段的仪式研究主要是一种西方中心主义的“异文化”比较研究，这些研究主要偏向于描述性的研究，旨在向西方世界展示世界不同地区的异域文化等。

二是仪式的功能主义研究阶段。随着人类学和社会学研究的不断深入，对仪式的研究，也慢慢转向了仪式的功能、符号和意义等更深层次的研究，可以概括为仪式研究的功能主义研究阶段。这一阶段的研究主要关注宗教仪式的结构与功能。例如，涂尔干通过研究宗教仪式的起源，进而考察仪式在整个社会结构中的地位、作用和功能，研究仪式对社会行为的影响和意义。他撰写了《宗教生活的基本形式》一书，提出“仪式可以实现神圣与凡俗的分离”“仪式是社会群体定期重新巩固自身的手段”。[⑤]

---

① 薛艺兵. 对仪式现象的人类学解释(上)[J]. 广西民族研究，2003(2).

② 王铭铭. 想象的异邦：社会与文化人类学散论[M]. 上海：上海人民出版社，1998.

③ 彭兆荣. 人类学仪式研究评述[J]. 民族研究，2002(2).

④ (英) 简·爱伦·哈里森. 古代的艺术与仪式[M]. 吴晓群，译. 郑州：大象出版社，2011.

⑤ (法) 爱弥尔·涂尔干. 宗教生活的基本形式[M]. 渠东，汲喆，译. 上海：上海人民出版社，1999.

涂尔干通过对宗教仪式的解读，剖析了社会何以存在的原因，指出了宗教仪式对社会系统的积极意义。这一发现完成了仪式研究的“祛魅”过程，使仪式可以脱离宗教和神话，成为一个全新的研究对象。涂尔干关于“神圣”“世俗”的著名命题，把宗教从内容上分为信仰和仪式两个基本范畴：信仰的实质是主张与见解，而仪式是信仰的物质形式和行为模式。真正将仪式的功能性质研究提升到极致的是马林诺夫斯基，他强调巫术和仪式都是满足人们基本需要的手段，借助巫术和仪式，人们可以实现在现实中难以实现的目标。这一发现开启了研究仪式功能微观机理的大门，将对仪式的研究延伸到参与仪式活动的对象身上，来探讨人们参与仪式的内在心理过程。涂尔干与马林诺夫斯基的研究可以说奠定了仪式研究的基础，并为进一步探讨仪式提供了广阔的空间。随后，诸如玛丽·道格拉斯、维克多·特纳、德克利夫·布朗、克洛德·列维-斯特劳斯以及克利福德·格尔茨等，都从或宏观或微观的视角对仪式的功能进行了不同角度的解析。例如，道格拉斯强调，所有能够带来秩序的行为活动都可以看作一种社会性的仪式，社会控制的需要就是仪式存在的根本原因。特纳通过对恩丹布人社会的分析指出，象征性仪式是与社会固有的价值观念和道德规范密切相连的，定期的仪式能够遏制社会内部的矛盾和冲突。①

对于仪式功能的研究也体现在当代中国学者的文献之中。丁荷生等对福建省兴化地区元宵节期间的乡村宗教仪式进行了描述，不仅讨论这类仪式活动对大多数宗教定义提出的诘难，而且探讨这种地方仪式传统所包含的仪式理论意蕴。② 周云水以赣南石城县花村分散的客家村落为研究范围，观察了这一村落中 10 个自然村举行的宗教游神活动，揭示出

---

① 王铭铭. 想象的异邦：社会与文化人类学散论[M]. 上海：上海人民出版社，1998.

② 丁荷生，由红，高师宁. 中国东南地方宗教仪式传统：对宗教定义和仪式理论的挑战[J]. 学海，2009(3).

客家人通过宗教仪式来增强族群文化认同的意义。① 刘路和陈晓华研究探讨了传播学视域下宗教仪式活动的媒介利用与调度，认为宗教仪式是媒介调度的景观实践，为实现传授平权的传播目标而构建了媒介召唤的象征符号机制与螺旋上升的仪式影响机制，并从媒介呈现与仪式展演、情感表现与思想涵化、精神交往与心理调适、文化认同与组织凝聚四方面阐释了宗教仪式中媒介的传播效果及强化功能。② 李跃忠考察了衡阳影戏，发现其中具有相当浓厚的宗教仪式功能，指出影戏的首要功能和目的是为民众祈福纳吉、禳灾解厄和驱邪避秽，而非是为了娱乐和消遣，揭示了衡阳影戏的产生、形成和发展与宗教信仰的密切关系。③ 钟玉英和陈昌文从宗教仪式行为角度透视了宗教与藏民族特性的关系，发现在宗教仪式行为与藏民族特性的双向互动关系中，藏族宗教仪式对藏民族特性产生了很大的影响。④

三是现代科学仪式学说阶段。仪式的功能研究是仪式研究的最主要内容。正如对结构功能主义的批判一样，仪式的功能研究也大致停留在宏观和中观层次，对于仪式的微观机理仍然涉及较少。因而在后期的许多研究中，仪式研究者也开始关注仪式的微观研究，这可以称为现代科学仪式学说阶段。此阶段，仪式研究的对象超越了宗教学的研究范围，作为现代人类学、社会学研究的强势话语，研究过程更为科学和精细，广泛涉及社会各个领域和学术研究视域，其研究的结果也更多地体现仪式的微观过程。列维-施特劳斯通过文化与符号这条主线，运用语言符号学理论，构建了能指与所指、语言与言语、历时性和共时性等框架，进一步分析和拓展了从社会行为到形式分类与符号语言的关系。以维克多·特纳为

① 周云水.一个客家村落的民间信仰和文化认同：赣南北部石城客家宗教仪式的人类学探讨[J].嘉应学院学报，2008(5).
② 刘路，陈晓华.传播学视野下的宗教仪式与媒介利用[J].宗教学研究，2009(2).
③ 李跃忠.论衡阳影戏的宗教仪式功能[J].衡阳师范学院学报，2009(2).
④ 钟玉英，陈昌文.论宗教仪式行为对藏民族特性的形塑作用[J].宗教学研究，2005(1).

代表的象征主义论，着重研究仪式的过程和仪式的象征，他在《象征之林》和《仪式过程：结构与反结构》等著作中，借助“前阈限—阈限—后阈限”和“分离—过渡—整合”等概念，初步确立了仪式分析过程的基本工具，“阈限”和“过渡”的概念所具有的“工具性操作价值使得仪式理论还具备了‘模型’化的分析原则”。特纳指出，仪式中的象征包含了两个极：一极是浓缩了该社会的意识、秩序与价值体系的理念极；另一极是能够有效激起仪式参与者的情绪等的感觉极。① 综合现代仪式的国内文献，汪媛运用詹姆斯·凯瑞的仪式传播理论，审视了现代社会消费群体的行为，将现代仪式性消费行为升华为一种“共享信仰的仪式”，并以自身的影响力参与到社会结构转型的重建中，最终实现社会整合的功能。② 李聪敏借助仪式过程、结构功能和政治象征等理论知识，审视政治仪式对于政治认同的功能，指出政治仪式不仅是展示政治权威的平台，能够通过唤起政治情感，从而形成政治共同体的意识，还能通过贯穿于仪式过程中的政治象征符号传递政治价值，达成政治教化的终极目标。③

近几年，对仪式的研究愈加丰富，主要表现为研究内容的分化和研究领域的进一步拓展。正如彭兆荣所描述的那样，若是对仪式的概念不进行一定的框限，就难以确认它的边界。这是因为，它既是一个特定的宗教程序、一种人生礼仪的表演、一系列的节日庆典，也是一个普通的概念、一个学科领域的所指、一种生活经验的记事习惯、一个涂染了艺术色彩的实践，还是一种具有制度性功能的行为、一种政治场域内的谋略、一个族群的族性认同、一种人类心理上的诉求形式。④ 实际上，对于仪式的研究已经深入人们的日常行为当中，从而将仪式拉入了一个全新的研究领域。

---

① （英）维克多·特纳. 仪式过程：结构与反结构[M]. 黄剑波，柳博赟，译. 北京：中国人民大学出版社，2006.

② 汪媛. 现代仪式性消费行为研究：从传播的仪式观视角[J]. 法制与经济，2015(11).

③ 李聪敏. 政治仪式的魅力与困境：政治仪式在政治认同中的作用研究[D]. 江苏：东南大学，2012.

④ 彭兆荣. 人类学仪式研究评述[J]. 民族研究，2002(2).

凯瑟琳·贝尔强调了在仪式的形成和变化过程中人的主动性作用，并指出仪式可以进行设计和创造，进而提出了仪式的“发明”学说。贝尔认为，仪式的发明和设计既可以限定在一定的领域和范围，也可以遍及整个国家，既可以加强对人们情感的安慰，也可以着重对社会的控制。① 也有学者关注家庭仪式，如蒋睿和牛芳认为在日常生活中发展出来的家庭生活仪式，是一套帮助家庭成员完成认知自我、融入社会，达到对族群认同的一种行为模式，需要家庭成员的共同参与。家庭生活仪式是形成中的家庭历史和记忆的内容载体；家庭生活仪式化使得个体更易于表达对家庭与家族信仰的真诚性。② 对于仪式传播的研究也已开启，周鸿雁以仪式的传播为研究重点，系统整理了凯瑞的仪式传播思想，力图将其引进到我国的学术领域。③

仪式的“发明”学说、可以建构的理论，以及对日常行为仪式的关注，为仪式的教育功能提供了可能的理论研究空间。越来越多的研究开始关注仪式的教育功能，并试图建构积极的教育仪式体系，以提升教育过程中的仪式参与性和影响力。本书所提出的思想政治教育仪式感染性也体现了对仪式过程，尤其是对仪式微观机理的关注，是在现代科学仪式相关理论基础上展开的更加深入的探索，旨在通过对仪式微观机理的研究，寻找提升思想政治教育仪式效力的理论依据和实践路径。

二、关于思想政治教育仪式问题的研究

思想政治教育仪式的研究是思想政治教育研究的重要内容，而思想政治教育研究必然涉及政治学和教育学两个领域，将仪式研究作为政治学和教育学等学科的一个重要领域来研究是比较晚的事情。这些研究首

① 吴艳红，J. David Knottnerus. 日常仪式化行为的形成：从雷锋日记到知青日记[J]. 社会，2007(1).

② 蒋睿，牛芳. 家庭生活仪式与亲属关系的维系[J]. 现代妇女(下旬)，2013(5).

③ 周鸿雁. 仪式华盖下的传播：詹姆斯·W·凯瑞传播思想研究[D]. 上海：上海大学，2011.

先延续了人类学研究的特点,较多的是关注少数民族的仪式或者特殊地区的仪式。例如,李珊泽探讨了苗族生育文化仪式中所暗含的教育意义。① 吴晓蓉研究了摩梭人成人礼的教育意蕴。② 杨其勇分析了重庆土家族哭嫁习俗仪式教育功能的实现、沉沦以及如何恢复。③ 当然除了对特殊文化传统的关注,目前越来越多的研究者也开始对日常仪式化行为进行关注。例如,吴艳红对知青日记的研究,阐述了日记这一日常行为仪式在特定时代所发挥的教育意义。④ 吴翠丽研究指出要将培育和践行社会主义核心价值观融入日常生活的楷模学习、日常仪式和良好家风当中,积极实现以情感人。⑤ 作为一个政治组织,共产党对仪式的实践也有长期的传统,有大量的日常行为仪式都发挥了意识形态教育的作用。

此外,对思想政治教育仪式的研究更多聚焦于对学校仪式的研究。中国的学校仪式古已有之,在学校场域中大量发挥教育作用的仪式也被许多学者所关注和研究。张奕在系统考察并探讨中国古典大学仪式活动及其场所的起源发展和基本形态时,将国子监这一仪式场所作为重点考察对象,指出中国古典大学的核心空间就是仪式场所的基本思想。⑥ 王晓凤认为,仪式因其所承载的文化意义而成为学校教育中的重要组成部分,提出要在学习借鉴国外仪式教育经验的基础上,完善和创新仪式教育的理念、方式、程序设计和评价体系等。⑦ 还有学者对国外的学校仪式教育进行了探究。例如,胡国勇从教育史的视角,梳理总结了日本学校仪式

① 李姗泽. 生育文化的田野调查与教育内涵分析[D]. 重庆: 西南师范大学,2003.
② 吴晓蓉. 仪式中的教育:摩梭人成年礼的教育人类学分析[D]. 重庆: 西南师范大学,2003.
③ 杨其勇. 当前重庆土家族哭嫁习俗教育功能的沉沦与解决[D]. 重庆: 西南大学,2008.
④ 吴艳红,J. David Knottnerus. 日常仪式化行为的形成:从雷锋日记到知青日记[J]. 社会,2007,27(1).
⑤ 吴翠丽. 社会主义核心价值观嵌入日常生活的内在机理与实现路径[J]. 南京社会科学,2015(2).
⑥ 张奕. 中国古典大学仪式场所探微[J]. 山西建筑,2007(21).
⑦ 王小凤. 仪式教育改革之路[J]. 中国德育,2012(15).

的历史渊源与时代特点，考察学校仪式和仪式要素的形成发展，进而对日本学校仪式等问题成为争论焦点的原因进行了分析和探讨。① 裘晓兰也认为日本在学校教育和日常生活中，仪式都发挥着教育和文化传播的重要功能，甚至确立了仪式活动在学校礼法教育中的重要地位。②

此外，还有对课堂仪式、开学仪式等不同仪式特点的深入研究，这些研究既从人类学视角来探讨这些仪式的功能和意义，也从社会学、教育学视角来深刻揭示仪式背后的权力逻辑，形成了丰富的论述。除了对学校仪式活动的描述和研究，思想政治教育仪式的研究还主要对仪式及其功能应然状态进行了讨论。胡宝国指出，仪式能够让大学生在潜移默化中受到教育，强化自身的使命感。③ 刘萍认为要充分发挥仪式活动在高校思想政治工作中的作用，进而总结提炼了可供实践运用的仪式体系及其教育途径。④

与此同时，仪式的思想政治教育功能问题也被越来越多的研究者所关注，包括思想政治教育载体的选择、作用的发挥和效果的提升等。贺才乐认为研究思想政治教育载体，必须以马克思主义为指导，采取历史与逻辑相统一、理论与实践相结合、纵向与横向相结合、宏观与微观相结合的研究方法，系统研究思想政治教育载体的理论、本质、属性、发展、形态、运用和开发等方面的内容。⑤ 邱仁富等认为思想政治教育载体既具有本学科的属性，还具有系统科学、社会系统的属性，是思想政治教育系统的一个子系统。从系统科学的角度去研究思想政治教育载体的首要条件是把握研究方法论应遵循的基本原则：即坚持整体性与综合性相结合，规律

---

① 胡国勇．日本学校仪式的教育史研究[J]．华东师范大学学报（教育科学版），2010，28(3)．
② 裘晓兰．日本："仪式控"的国度[J]．中国德育，2012(15)．
③ 胡宝国．仪式教育在高校思想政治教育中的运用[J]．思想理论教育，2009(9)．
④ 刘萍．论仪式在高校思想政治工作中的作用[J]．高等农业教育，1999(11)．
⑤ 贺才乐．思想政治教育载体研究理路[J]．学校党建与思想教育，2003(8)．

性与发展性相结合，结构性与功能性相结合和最优化与模型化相结合原则。[①] 随着网络时代的到来，研究者也开始关注网络仪式。马薏雯认为网络仪式教育由虚拟在场取代身体在场完成情感的互动、交流、积累以及共情爆发，这种高效的群体情感互动升级模式实现了传统仪式教育很难进行个体与群体同时空表达和交流的功能。[②] 类似的研究还有很多，虽然对仪式的思想政治教育功能已经有了一定的认识，但仪式的思想政治教育功能研究仍然比较浅显，主要还停留在思辨层面和针对实践的建议对策上，缺乏对高校思想政治教育仪式实然状态的分析，缺乏对仪式系统而客观的实证研究，笔者将在下文对这些问题进行分析总结。

三、关于感染性问题的研究

感染性是本书关注的一个核心概念。思想政治教育仪式所蕴含的价值理念，只有被参与仪式过程的个体感受到、理解到，进而内化为自身的价值观，才能够称得上是成功的思想政治教育仪式。通过上文的梳理，笔者发现目前仪式的研究成果主要集中在对仪式结构功能的分析，而对于仪式活动是如何影响个体的，即仪式影响个体的过程和机理是怎样的，大部分研究都缺乏足够的解析，缺乏深入细致的实质性研究和有效衔接，而这也是本书关注的核心问题之一。笔者在此引入仪式感染性的概念，就是试图用“感染性”来概括仪式价值的社会化过程，揭示思想政治教育仪式发挥育人作用的内在机理与微观机制。接下来，笔者将从不同学科的角度对“感染性”的概念研究展开进一步的分析。

实际上，人类学家在早期已对仪式感染性问题进行了研究，只是当时关注的是宗教与人类心灵之间的关系。例如，在对土著和初民的研究中，

---

① 邱仁富，贺争平.思想政治教育载体系统研究的方法论基本原则管窥[J].思想政治教育研究，2006(3).

② 马薏雯.高校共青团如何在疫情期间开展好网络仪式教育[J].财富时代，2020(6).

人类学家李维布鲁尔认为初民对事物的认知是不能与该事物所引起的感情、情绪分开的。[①] 同样地，涂尔干与马塞尔·莫斯也认为土著的分类思维带着浓厚的感情色彩，这些触碰到的都是人类心灵经验中认知的层面，是从宗教信念的角度研究宗教中人类心灵的问题。从涂尔干开始，宗教经验中人的情绪被认识并关注。涂尔干从两个重点方面对仪式的效力进行了研究，指出仪式能够引起人们思考，能够引起人们的情绪。[②] 人类学家利奇提出仪式活动具有重复的特征，而且这种重复具有一种效力，即让仪式所要表述的意思和传达的信息能够被完整而准确地接收到。他认为仪式不仅“说”了一些东西，而且还“做”了一些事情，仪式能够做这些事情是和仪式象征本身相关的。他指出仪式象征能够在仪式参与者的心理上产生某些作用，从而带动他们的情绪，发生效力，达成我们认为它所具备的某些功能。[③]

我们再来看心理学范畴的“感染性”。心理学中与“感染性”有关的研究，主要集中于对“情绪感染”的研究。心理学中的“情绪感染”是指人们在下意识地模仿他人表情时，借助感受着每一分每一秒的情感回应，会在他人的情绪中感觉到自己的过程。可见，心理学将情绪感染界定为了一种被他人激发和引起，并最终使被激发者的情绪体验与激发者的情绪体验逐渐达到一致的过程。王潇、张奇勇等是国内较早开始进行情绪感染研究的学者，他们对西方情绪感染理论的研究进行了系统评述。例如，王潇等对“模仿—回馈”机制作出了进一步说明，指出人类倾向于模仿周围人，这种模仿包括语言表达、面部表情和动作行为等；在模仿过程中，自身的面部表情和其他非语言因素都会影响到主体的情绪体验。[④] 心理学对

---

① (法) 列维-布留尔. 原始思维[M]. 丁由，译. 北京：商务印书馆，1981.

② (法) 爱弥尔·涂尔干. 宗教生活的基本形式[M]. 渠东，汲喆，译. 上海：上海人民出版社，1999.

③ (英) 埃德蒙·R·利奇. 从概念及社会的发展看人的仪式化[M]//史宗. 20 世纪西方宗教人类学文选. 上海：上海三联书店，1995.

④ 王潇，李文忠，杜建刚. 情绪感染理论研究述评[J]. 心理科学进展，2010(8).

群体情绪感染的研究可以帮助我们认识到集体仪式感染过程中可能存在的功能的循环放大作用。张奇勇在王潇等的研究基础上，对情绪感染问题展开了进一步的研究探讨和理论建构。他认为情绪感染的概念主要存在原始性情绪感染和意识性情绪感染两种分歧，前者认为情绪感染是无意识的、自动化的过程，后者则认为情绪感染是一个需要意识参与的过程。他指出西方的研究之所以存在这种分野，是没有对“低级情绪信息”和“高级情绪信息”在传递机制上的差异性进行区分。他认为只有低级情绪信息才可以通过情绪感染传递，情绪感染是一个自动化、无意识的情绪传递过程，而这种传递过程是一个“察觉—[模仿—反馈(激活镜像神经系统)]—情绪”的过程。① 心理学家对情绪感染这一问题的研究，充分发挥了他们在微观研究方面的长处，深刻分析了个体间的情绪传递和感染的微观过程，以及群体之间的循环交互和放大效应。这些研究在宏观领域也得到了一定的印证，陈纬华在对西方人类学关于仪式效力的研究综述中指出，无论是文本、语言、动作，还是音乐、歌唱、舞蹈，乃至于象征物和仪式程序的安排，对人们的仪式体验都可能形成重大的影响；这种影响产生的方式既可能是有意识的，也可能是无意识的，其力量的源头既可能是生物性的，也可能是文化性的；如果要比较系统和全面地分析这些体验，也许可以以仪式展演所带来的情绪体验为中心进行。② 可见情绪体验在仪式效力中的重要性。心理学对情绪感染机制的研究，奠定了我们进一步探索仪式感染性作用过程的理论基础。在下文中，笔者将对思想政治教育领域关于感染性问题的讨论进行梳理，并分析与心理学关于该问题研究的异同。

事实上，我们更关注思想政治教育领域的“感染性”。在思想政治教育当中讨论感染性的研究还很少，但这并不代表其对于这一问题不关注，

---

① 张奇勇，卢家楣. 情绪感染的概念与发生机制[J]. 心理科学进展，2013(9).

② 陈纬华. 仪式的效力：理论回顾[J]. 广西民族学院学报(哲学社会科学版)，2003(S1).

实际上教育本身就是一种信息的传递，而信息的传递过程也包含着情感的传递，只是大多数研究者用其他一些概念替代了对感染性的研究。这些概念包括隐性教育、感染式教育、渗透性教育等，这些问题在思想政治教育领域都有一定的讨论。

在国外思想道德教育方法中，强调和注重通过间接方式，把思想道德教育的内容全方位地融入大学生活的各个方面，让学生时刻处于本国所提倡的价值观念的包围和影响之中。20 世纪初，美国教育家杜威提出教师应该充分利用环境间接地进行道德教育；从 20 世纪 60 年代开始，西方国家涌现出了大量关于隐性教育的理论和学说。首先提出了“隐性教育”定义的是美国学者杰克逊，他于 1968 年在《教室中的生活》里提到“学校生活中没有意识到的几个方面，如群体、奖赏及权利系统，也会使学生无意识地习得某些价值规范。”①之后，随着隐性课程理论研究的不断深入，教育学者普遍认识到在学生道德教育中的隐性课程内容具有不可替代的重要作用，“在校学生不仅接受了读写算等文化知识，而且获得了生活态度、行为动机、价值观念和其他的心理成长，这后一方面是通过非学术途径，默默地、潜在地、间接地传递给学生的”②。此外，诸如美国的价值澄清理论、柯尔伯格的道德认识发展理论、英国哲学家威尔逊的道德教育理论等，运用隐性课程内容来对学生进行教育的方式受到普遍重视，从而进一步催生了“隐性教育”的概念。因此，作为一种教育方式，隐性教育是客观存在的，具有信息传递方式的隐蔽性、教育对象接受过程的自主性和无意识性、教育过程的跨时空性和长期性等特征。国外教育如此重视音乐、美术、体育以及社会实践活动，正是因为他们认为这种间接、综合、渗透的方式，使整个实施的过程起始于教育对象的“无意识”，以教育对象完成思想转化后的“有意识”为结果，自然而然又具有非常强的隐蔽

① Philip W. Jackson. Life in classrooms[M]. New York: Teachers College Press, 1968.

② (美) 马戈利斯. 高等教育中的潜在课程[M]. 薛晓华，译. 上海：华东师范大学出版社，2005.

性，潜移默化地使学生接受和认同其所宣扬的政治制度、价值观念和道德规范等。

国内从古至今也高度关注这一问题。习近平总书记提出“要更加注重以文化人以文育人”“增强时代感和吸引力”[①]，我国古代历史上著名的孟母三迁的故事，都充分说明了对思想道德教育中“感染性”的重视。刘晓芳以梳理隐性思想政治教育的特点为切入点，提出高校必须重视隐性思想政治教育，指出了实施的四个基本途径，包括通过“隐性课程”渗透感染、教师言行示范引领，运用校园文化进行熏陶和社会实践切身体验等。[②] 林伯海等指出相对于显性思想政治教育，隐性思想政治教育是指在思想政治教育的过程中，自发地运用隐性课程的相关理论，重视开发和利用隐性教育资源，通过较为隐蔽的教育形式，让学生在无意识中收获某些思想或得到某些经验的一种教育方式。[③] 还有学者使用“隐形教育”的概念，如肖文、周俊等将思想政治教育区分为显性与隐形教育两个方面，并着重表述了隐形教育的有关概念，提出“隐形教育”指教育者、教育内容、教育目标和教育形式是隐藏着的，并不直接显露出来，一般采取迂回渗透的方式，使学生在潜移默化中自然接纳教育者所倡导的思想观念，以期达到持久教育效果的一种教育模式。在高校思想政治教育工作中，隐形教育和显性教育是共同存在的两个相对的概念，是两种不同的教育形式，两者相互补充、相辅相成、相得益彰，共同构成了高校思想政治教育体系。[④] 胡哲峰从高校思想政治工作中的隐形教育载体出发，提出了隐形教育是开展高校思想政治工作的有效载体，是新形势下加强高校思想政

① 习近平．习近平在全国高校思想政治工作会议上强调：把思想政治工作贯穿教育教学全过程　开创我国高等教育事业发展新局面[N]．北京：人民日报，2016-12-09(1).

② 刘晓芳．大学生隐性思想政治教育研究[J]．当代青年研究，2006(4).

③ 林伯海，李锦红，宋刚．试析大学生隐性思想政治教育模式[J]．思想理论教育导刊，2008(3).

④ 肖文，周俊，董英，等．高校学生思想政治工作隐形教育及载体探索[J]．高校教育管理，2003(1).

治工作的现实需要。[①] “渗透式教育”或“渗透性教育”是感染性概念的另一种表达，王晓宏、郑传贵在《美国高校渗透式德育的途径、特征及对我们的启示》中提出了渗透式教育的特征包括“广泛性”“渐进性”“隐蔽性”“间接性”等。姚植兴认为思想政治教育的重要特质之一就是它具有渗透性，他指出渗透性思想政治教育必须坚持渐进式与全程性原则、间接性与隐蔽性原则、多样性与合力(协调)性原则、参与性与平等性原则、适应性与发展性原则、艺术化与有效性原则。[②] 周宇认为，增强渗透性是提升高校思想政治教育实效性极为重要的一环。[③] 余翠军和杨青松指出，渗透性思想政治教育所具有的特点与优势可以有效弥补专门性教育的不足。[④] 史华红和王富玉指出渗透性教育具备目的性、易接受性和非强制性的显著特点，高校德育工作者积极探讨研究这种教育模式，有助于增强高校德育的实效性，构建高校的现代德育模式。[⑤] 舒毅彪认为教育者与教育对象关系的平等、教育内容的丰富和全面、教育方法的隐蔽和渗透等是渗透性教育的典型特征，充分利用渗透性教育的特点和优势，有助于道德教育资源的整合，有利于大学生价值观教育和道德教育工作实效性的提高。[⑥] 史华红指出近几年人们特别关注用渗透的方式进行德育教育，寓德育教育于潜移默化之中，在各方面渗透德育思想。因此，应从德育渗透性教育的概念、高校实施德育渗透性教育的必要性与教育途径等方面进行深入探讨。[⑦] 李志刚在梳理和总结传统思想政治教育方法的现实困境的基础上，依据国内外新的教育模式，突出改进和创新思想政治教育方法的必然

① 胡哲锋. 试论高校思想政治工作中的隐形教育载体[J]. 黑龙江高教研究，2003(2).
② 姚植兴. 思想政治教育渗透性的基本原则研究[J]. 洛阳师范学院学报，2012(6).
③ 周宇. 论高校思想政治教育的渗透性[J]. 高等教育研究，2005(8).
④ 余翠军，杨青松. 渗透性思想政治教育[J]. 思想政治教育研究，2008(1).
⑤ 史华红，王富玉. 高校德育渗透性教育的研究[J]. 山西高等学校社会科学学报，2005(11).
⑥ 舒毅彪. 论渗透性教育方法在大学生道德教育和价值观教育中的运用[J]. 教育与职业，2008(9).
⑦ 史华红. 高校德育的渗透性教育探讨[J]. 山西高等学校社会科学学报，2004(5).

性和紧迫性，以新的历史背景下高校思想政治教育的更高要求作为研究切入点，阐释了渗透性思想政治教育的内涵特点和作用途径；他以加强和改进高校思想政治教育工作，增强高校思想政治教育效果为目标，通过对教学渗透、环境渗透、实践渗透和情感渗透等主要途径进行分析，集中讨论了从理论到实践操作层面的转化问题，探索了如何加强渗透性思想政治教育的方法和途径。① 还有一种类似的提法是"感染式教育"或"感染教育法"，白旋明确提出了感染式教育的概念：所谓感染式教育，就是在思想教育中，运用"文字、声音、图片、图像、实物、实况等有形信息"，通过"设置环境、营造氛围、烘托主题"，有效拉近学生与教育主题之间的距离，在潜移默化中"丰富感性认识、增进思想感情、深化理性认识"。② 周剑虹以公安院校学生为特定群体，指出在公安思想政治工作中积极开展感染式教育，可以增强思想教育的直观性，拓宽思想教育的信息面。③ 赵磊认为"感染教育法"是一种隐性教育手段，在思想政治教育中发挥着重要作用，因此，他探索了"感染教育法"在西藏高校民族团结教学中的运用，以达到提高民族团结的教学效果。④ 李静静提出感染教育法作为一种"润物细无声"的教育方法，能够增强当代中国马克思主义教育的渗透力和感染力，彰显了其强大的教育功能。⑤

同时，研究者们普遍认同学校仪式对学生思想、行为和价值观等具有感染和影响作用，而且这种作用是潜移默化的。正如唐靖指出的那样，仪式具有凸显群体规范，约束群体言行，以及为成员提供相互慰藉，增强成员对群体的认同和归属等作用。⑥ 余清臣则指出学校仪式承载了传播

---

① 李志刚. 高校渗透性思想政治教育研究[D]. 长沙：湖南师范大学，2006.
② 白旋. 感染式教育探析[J]. 基层政治工作研究，2006(7).
③ 周剑虹. 感染式教育在公安院校学生思想政治工作中的作用[J]. 江苏警官学院学报，2003(6).
④ 赵磊. "感染教育法"在西藏高校民族团结教学中的运用策略[J]. 西藏教育，2014(1).
⑤ 李静静. 高校开发感染教育法推动马克思主义大众化的意义[J]. 时代教育(教育教学版)，2009(1).
⑥ 唐靖. 仪式文化对群体心态的影响作用[J]. 中国农业大学学报(社会科学版)，2008(4).

校园文化的功能，因此学校仪式的发展和创新为校园文化建设提供了平台，应该深入探讨研究仪式的生成机制和发展规律，推进学校仪式建设，从而进一步提升校园文化的育人功效。① 李荣华等在研究中指出仪式具有的思想政治教育功能，重点体现在丰富了思想政治教育的载体、展现了思想政治教育的内容、增强了思想政治教育的效果等方面。② 平章起认为学校仪典活动具有强大的德育功能，分别从仪式场域、权利场域和力量场域三个角度阐释了如何发挥学校仪式德育功能的问题。③ 王洁敏等认为仪式本身就具有"丰富的教育思想"，可以发挥"积极的教化功能"。④

总结而言，在以往思想政治教育对感染性问题的研究中，虽然并没有明确提出"感染性"概念，但实际上早已涉及其核心内容。通过对文献的梳理可以看到，对于"感染性"的功能以及外在特征已经有了较为明确的把握，并对可能产生感染的环境领域，进行了深入探讨，指出了在思想政治教育领域注重感染性的重要性。相较于心理学的研究而言，思想政治教育更偏重对主体外在世界的探讨，而缺乏对主体间感染机制的分析，对于这一点当然无可厚非，因为这源于不同学科关注焦点的不同。对心理学以及思想政治教育关于感染性的研究梳理，既能够帮助笔者准确理解感染性的功能和特点，又有助于笔者更深入洞悉感染性产生作用的内在机理，从而更全面地分析和厘清这一问题。在前人研究的基础上，笔者基于多学科的研究成果，提出以一种跨学科的视角，从更加微观的层面，探讨思想政治教育仪式的感染性问题，并据此在后文中展开研究和论述。

---

① 余清臣.学校文化的载体：仪式建设[J].教育科学研究，2005(8).

② 李荣华，田晓伟.大学生思想政治教育中的仪式：价值与路径[J].思想理论教育导刊，2011(2).

③ 平章起，刘爱玲，王贵菊.学校仪典活动的德育功能研究[J].思想教育研究，2012(4).

④ 王洁敏，尹茂盛.试析仪式在高校思想政治教育中的作用[J].思想教育研究，2008(6).

四、关于以上研究的评述

通过对仪式及感染性相关研究的梳理，可以发现在人类学和社会学领域，对于仪式已经有了深刻的讨论。特别是涂尔干对宗教仪式及其功能的分析，开启了科学研究仪式的大门，仪式开始脱离宗教成为研究者关注的主题。经过长期以来深刻的研究和实践，仪式已经脱离“宗教”和“神秘主义”的色彩，并成为教育活动的重要内容，如纪念仪式、人生仪式、运动仪式，以及狂欢仪式等，都发源于传统的宗教仪式中，却已经跳出了宗教的狭隘范畴。但通过文献梳理，笔者发现以往的研究仍存在以下尚待完善之处。

首先，仪式的思想政治教育功能仍有巨大的研究空间。虽然目前人类学、社会学关于仪式的研究已经非常深刻，并且在教育学领域已经有了较为丰富的研究，但就思想政治教育领域关于仪式的研究成果而言，仍然具有非常大的探索空间。特别是作为一种潜入日常生活的教育方式，仪式的作用与意义往往因为其隐蔽性而容易被忽视。因此，系统发掘和总结思想政治教育仪式的规律，提升其思想政治教育的功效，仍然是一个历久弥新的主题。

其次，目前关于思想政治教育仪式的研究，虽然不乏真知灼见，但仍然缺乏系统性和客观性。从文献梳理可以看到，对于思想政治教育仪式的研究，目前主要停留在对仪式活动本身的讨论，以及对其思想政治教育功能应然状态的论述，热衷于通过思考、辨析理论以讨论现实问题，而且应然想象的意味明显，对仪式的实然状态则缺乏系统的深入分析和客观的实证研究。虽然很多学者已经通过一定的田野调查、定性与定量分析来揭示仪式教育的功能与困境，但在思想政治教育研究领域，对研究方法的不重视，仍然是一个明显的短板。

再次，是以往的仪式研究较少关注网络教育仪式和日常行为仪式。

在教育场域中，仪式并不仅指具有宏大场面的集体行动，只要是重复出现的、相似的，并且具有一定凸显意义的行为，都可以被视为教育的仪式。网络教育仪式是伴随着互联网和新媒体而迅猛发展起来的，但因其组织方式、参与方式、参与主体、程序规范、情境设定以及传播方式等均有别于传统仪式，因此当前的研究更多地关注其传播方式和价值，而较少研究其作为仪式本身的要求和意义。日常行为仪式不同于传统的、集体性的或者宗教性质的仪式，在表达和实践上多以小团体或者个体的形式出现和完成。它的规模较小，且具有日常性，仪式本身以及实践都较为具体、细节化。从仪式功能层面看，网络教育仪式和日常行为仪式更加注重个体内心的平衡以及秩序的建立，使个体能够更加积极地参与到网络或社会中来，具有较强的教育功能。当前，高校日常行为仪式被大部分人忽视，有弱化的趋势和倾向，而网络教育仪式则越来越被管理者所重视，不断得到开发和强化，因而在思想政治教育仪式研究过程中，我们更需要加强对于网络教育仪式和日常行为仪式的研究。本书后续也将着重对网络教育仪式加以关注。

最后，本书关注的另一个问题是“仪式感染性”。从其理论渊源上涉及多学科的研究旨趣。早期的人类学家将“仪式感染性”称为“仪式效力”，虽然叫法不一，但关注的焦点却是相同的。人类学家试图讨论宗教信念如何在仪式中获得确证，人们的认知、心理与生理如何在仪式中产生改变等问题。心理学不再关注宗教仪式，聚焦人类的心灵与思维，从而使情绪感染成了心理学的一个专门研究主题。虽然心理学依然关注人的心灵世界，但日益专业化的发展，使其研究视域也慢慢脱离了对仪式，特别是宗教仪式与微观个体心灵之间关系的研究。笔者在此试图将仪式与感染性的问题重新串联起来，延续人类学家对仪式效力的研究，借助心理学的研究成果，进一步探讨仪式对高校思想政治教育的意义。诚然，关于仪式思想政治教育功能的研究已经有很多，但正如前文指出的，囿于学科方法以及关注点的限制，并未在仪式教育与个体的心理和认知变化之间架起桥梁。而笔者所关注的“仪式感染性”问题，也正试图解决这一困境，综合不同学科的研究所长，来探讨思想政治教育仪式及其感染性问题。关注仪式本身的特点和构成要素，以及这些仪式是如何感染人的，并进一步思考仪式所蕴含的价值内化为参与主体价值观，并最终转化为主体实际行动的可能路径，提出具有实践意义的高校思想政治教育仪式体系，从而更好地开展大学生思想政治教育，这也正是本书试图取得的创新和突破。

第三节 研究设计

通过对仪式、思想政治教育仪式和感染性等问题的研究综述，笔者发现当前对思想政治教育仪式的研究仍停留在理论的应然上，缺乏实践的实然；停留在宏观的考察上，缺乏微观的解析，尤其缺乏对仪式感染发生机制的深入研究。因此，对仪式思想政治教育功能的研究仍有巨大空间。本书把仪式作为切入点，研究仪式在个体或特定群体形成正确的世界观、人生观、价值观过程中所发挥的独特作用，就如何将思想政治教育落细、落小、落实进行积极有益的探索。笔者以高校思想政治教育仪式及其感染性为核心研究内容，理论与实证相结合，对仪式感染青年大学生的教育效果进行深入分析，研究仪式感染性的作用路径，建立仪式感染性的内化过程模型，力图构建一个完整并有育人实效的高校思想政治教育仪式体系。

一、研究内容

仪式是思想政治教育的重要载体，总结而言，仪式教育是一种实践教育，所有仪式都必须包含至少两个方面的要素：一个是仪式的程序；另一个是仪式的价值，即仪式所蕴含的意识形态属性或价值观念。当仪式程序被受教育者参与并执行时，仪式蕴含的价值观就会自然而然地传递和影响仪式的参与者，从而形成潜移默化的教育效果，达成这一效果的原因在于仪式具有感染性。但具体而言，什么是仪式感染性，它的内涵是怎样的，个体的思想是如何被仪式感染的，仪式所蕴含的价值又是如何内化为教育对象的价值观的，仪式感染个体思想的内在机理是什么，以及如何构建高校思想政治教育仪式体系以更好地发挥仪式的思想政治教育功能？这些困惑正是笔者关注的问题，这也形成了本书的具体内容。为了更好地破解问题、理清文章脉络，本书依照从理论梳理到经验总结，形成新的理论，进而指导具体实践的逻辑顺序谋篇布局，详见图 1-1。

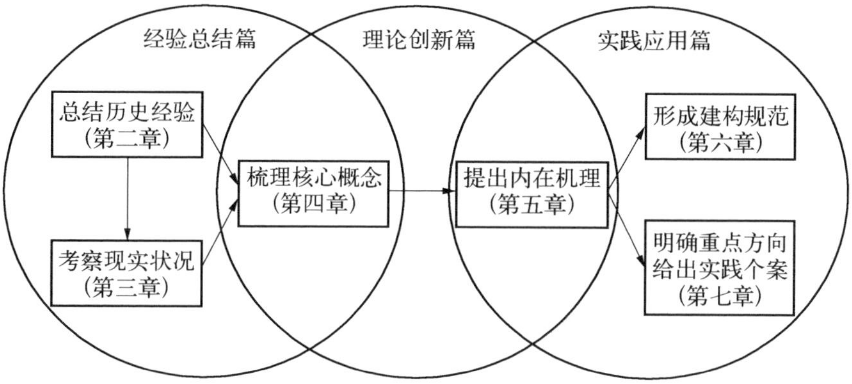

图 1-1　本书逻辑结构

总结历史经验(第二章)：从纵向上梳理中国教育仪式从古至今的历史演化过程，总结历史经验，找出核心问题，弄清主要影响因素，初步提出当前思想政治教育仪式所面临的困境，探讨增强高校思想政治教育仪式感染性的重要性。

考察现实状况(第三章)：通过个案访谈，重点考察当前高校思想政治教育仪式的现状、特点，聚焦存在的主要问题及其成因，指出增强思想政治教育仪式感染性的紧迫性。从现实中寻找线索，尝试找到突破当前困境的关键，揭示思想政治教育仪式感染性发生作用的微观机制及核心要素。

梳理核心概念（第四章）：聚焦思想政治教育仪式及其感染性相关基础理论，厘清和提出有关核心概念，并阐释其内涵，为后文的进一步研究奠定理论基础。

提出内在机理（第五章）：依托相关理论，结合历史经验和现实考察的结果，提炼分析思想政治教育仪式感染性的发生机制、影响要素和关键环节，探讨思想政治教育仪式具体是如何感染人的思想的，尝试建立思想政治教育仪式感染性的理论体系。

形成建构规范、明确重点方向（第六、七章）：借助思想政治教育仪式感染性理论，提出适应当前教育环境的高校思想政治教育仪式体系建构所应遵循的基本规范、包含的重点内容，并通过分析具体的实践个案印证体系构建的策略，为新时代更好地开展思想政治教育仪式提出建议。

二、研究方法

本书从仪式感染性的角度出发，将思想政治教育研究带入了更微观的领域。这就要求本书要以马克思主义理论为指导，引入人类学、社会学、教育学和心理学的科学研究方法。因此，本书在研究中融合多个有关学科的理论研究成果，坚持理论与实践相结合，采用历史研究和实证研究的路径，既通过对教育仪式的历史变迁来把握高校思想政治教育仪式的宏观规律，又运用实证研究发现和检验仪式感染性的微观机制。通过不同学科的分析视角和方法，既强调逻辑思辨，又注重实践验证，力求能够全面、科学地揭示仪式感染性的本质内涵，探索仪式感染性的作用机理，期望将高校思想政治教育仪式研究带入更微观的层次，并试图构建更加高效、优质的高校思想政治教育仪式体系。在具体研究过程中，笔者主要采用了以下研究方法。

一是文献研究法。本书通过在众多的文献中梳理出与研究问题有关的历史逻辑线索，总结提炼出所关注问题的事实、过程、经验和规律等，从而发掘问题产生和发展的背景、原因、本质，进而以理论为支撑、以学理为辅证开展研究。本书通过搜集整理国内外思想政治教育仪式及其感染性研究的既有成果，了解国内外关于思想政治教育仪式感染性相关的研究现状，不仅能够借鉴已有的理论观点和研究成果，形成对本书的有力理论支撑，为本书提供相应的佐证材料，而且能够发现以前研究的疏漏和不足，形成本书的着眼点，进而开展更加全面、深入的理论探究和实践探索。

二是实证研究法。如果说从现实出发是开展高校思想政治教育仪式研究的出发点，为现实服务就是研究的落脚点。因此，本书在设计上始终将思想政治教育仪式的本质内涵、作用机理等核心问题置于客观实践中，采用质化研究的方法，通过访谈与调研，结合笔者的工作体验，掌握高校思想政治教育仪式的第一手资料，分析把握高校思想政治教育仪式及其感染性的状况，立足实证调查开展理论演绎与建构，并用理论指导实践。本书直接指向高校思想政治教育仪式的现实问题，探索性提出了思想政治教育仪式感染性的概念、本质内涵和作用机理，并在此基础上明确了高校思想政治教育仪式的建设方向、内容和路径，为高校在新时代开展思想政治教育仪式提供了理论支撑和实践指导。

三是比较分析法。依据马克思主义的发展理论，通过对相关研究对象历史发展的科学分析，从具体走向一般，从一般走向更加广泛的一般，进而说明它在历史上是怎样发生的，又是怎样发展成现状的。在思想政治教育仪式的研究中，首先分析不同历史阶段教育仪式的感染性问题，挖掘仪式变迁的演变、历史关联，归纳仪式感染人的历史经验。同时，在调查研究活动中运用比较分析法，把所收集到的信息资料加以剖析后，进行分类排队，把具有相同属性的对象单位归入各个类别之中，以此来分辨仪式及其感染性的构成。在此基础上进行比较分析，重点比较典型性的教育仪式体系和运行模式，分析、总结可资借鉴的经验，从而获得高校思想政治教育仪式及其感染性的普遍规律和共同特征。

第二章　教育仪式的发展演化和历史经验

正如恩格斯指出，马克思研究任何事物时都考察它的历史起源和它的前提。[①] 仪式是一个复杂的话语体系，是伴随着人类社会发展而产生和发展的。我们的研究也必须基于历史的视角来考察教育仪式的发展变迁，特别是分析不同历史时期教育仪式的内在差异，对相关经验教训予以梳理和总结。这是研究高校思想政治教育仪式及其感染性的前提和基础，具有非常重要的意义。

第一节　教育仪式的时代沿革和历史烙印

中华民族源远流长，创造了五千年的灿烂文化，被称为“文明古国”

① 马克思，恩格斯. 马克思恩格斯全集(第 22 卷)[M]. 中共中央马克思、恩格斯、列宁、斯大林著作编译局，译. 北京：人民出版社，2006.

“礼仪之邦”。中国的教育仪式既被悠久的历史、厚重的文化所孕育和发展,同时也受到西方文明的剧烈冲击,在不断融合发展中历经时代变迁,并在新时代焕发出新的生机与活力。

一、传统教育仪式的深厚积淀

中国自古以来就有着高尚的道德准则、完整的礼仪规范和传统美德,古代学校仪式正是以“礼仪”的形式,通过私学、书院和官学等教育实践活动和封建科举制度逐步形成的。这些仪式既体现为师与师、生与生、师与生之间日常交往过程中的礼仪,如揖礼和跪拜礼等,也体现在重大典礼活动中的礼仪,比如释奠礼、开笔礼、束脩礼和视学礼等。这些礼仪性仪式积淀着中华民族的文化特色,传递着数千年的传统文化价值观念。传统教育仪式是在古代礼仪制度的基础上不断演化发展而来的,具有完整的内容体系和严格的制度规范,其演化过程深受儒家思想的影响和制约,是中国传统文化的集中体现。传统教育仪式的丰厚底蕴为近现代教育仪式的传承发展提供了丰富的理论支撑和实践依据,特别是给近代教育仪式打上了深深的传统文化烙印。

第一,儒家思想为传统教育仪式的建立和发展奠定了厚重的思想底蕴。孔子创立的儒家思想最初是指司仪,随后这一思想不断深化和丰富,特别是形成了以尊卑等级为基础的“仁”为核心的完整思想体系。“克己复礼为仁”——孔子伦理道德思想的核心是“仁”,而“仁”的客观标准则是礼。儒家思想依据“亲亲”“尊尊”的原则,维护长幼有别、尊卑有序、君臣父子等关系,强调“礼治”“德治”和“人治”的有机结合。而“礼治”理念的出发点是“异”,即由于社会地位存在贵贱、尊卑和长幼等差异,不同阶层就有各自的行为规范。只有各社会阶层都各有其礼,才能实现儒家理想中有秩序的社会。在儒家看来,这种等级秩序的稳定关系到国家的治乱。儒家伦理要求人们在各自的社会位置上来处理各种社会关系,即“克己复礼”。如果谁违反了“礼”的规范，就要遭到相应的惩罚。在这个意义上，儒家的“礼”又具有了法的功能。总之，儒家强调大家都应该各尽其责，各尽其所，履行自己的道德责任，只有这样，社会才能实现长治久安。

儒家善于运用各种仪式对民众进行思想教育和道德教化，从而实现政治秩序的稳定。孔子主张以礼治国，他说：“礼让为国”“齐之以礼”。荀子说：“礼之于正国家也，如权衡之于轻重也，如绳墨之于曲直也。故人无礼不生，事无礼不成，国家无礼不宁。”在礼和仁的比较上，《论语》中，仁的出现次数为 109 次，礼的出现次数为 75 次；在《左传》中，仁的出现次数为 39 次，礼的出现次数为 517 次；在《国语》中，仁的出现次数为 62 次，礼的出现次数为 121 次。从中我们可以看出，礼和仁相辅相成，礼是手段、工具，而仁是目的，礼和仁是表里关系。我们也可以看出，儒家通过“礼”实现自己的价值追求，“礼”的突出意义和作用，就是表现在于维护人与人、人与自然、人与君的关系方面。可见，儒家思想非常注重通过教育倡导文明教化和社会纲纪，通过礼教化人，提高自身道德、意志的修养，接受社会价值，遵守社会规范，以有助于其发挥统一思想和巩固政权的作用。《礼记·学记》有云，“古之王者，建国君民，教学为先”，这种教为政本的观念一直持续到后世。同时，“克己复礼为仁”的详细含义还包括对人们所有言行举止的规范。因此，礼在内容上体现为一种文明形态，在形式上则表现为经过长期的生活实践而形成的具体仪式。在某种程度上，一个人的素养表现为其各种文明仪表，特别是对礼节仪式的掌握能帮助人们的各种社交活动，各种社会关系的建立和维护。正如孔子所指出的，对礼的学习和实践至关重要，是关乎个人安身立命的基本要求。

第二，传统文化为传统教育仪式的建立和发展奠定了深厚的文化底蕴。从汉武帝“罢黜百家，独尊儒术”开始，儒家文化演变成了中国传统文化的主流。这种文化深植于中华民族的血脉中，对中国传统教育仪式的发展演变产生了重大的影响，并且为传统教育仪式提供了理论依据和实践基础。儒家的“礼”是中国传统文化的核心。① 中国古代的思想家与政治家都非常重视运用“礼”进行思想教育和道德教化，将统治者的思想文化和价值观念全面、深入地融入各种礼仪行为中，使人们在礼仪实践过程中感受到儒家礼教的魅力，受到厚重文化底蕴的熏陶。古代的礼仪文化为传统教育仪式积累了宝贵的财富，历史学家钱穆充分肯定了“礼”的价值，在他看来，“礼”是抽象的，它体现了人与人、人与社会、人与国家、人与自然的关系。“礼”是由一系列的规范和制度构成的，它形塑人际交往的一些伦理规则，同时也代表一种价值观，以一定的道德准则约束和影响人的言行。与“仁”相比，“礼”更多地体现为历史上固有的传统。“礼者，履也。”从这个意义上，孔子对“礼”的肯定和强调，更多是对传统的崇尚与弘扬。诚如黄克剑所言，中国文化可追溯到夏、商、周三世，是由治理家族推而治理“天下”的时代，依“礼”确定人的身份地位以获得一种人伦秩序，使其制度化，遂有了“礼治”。② “仪”是“礼”的外在表现形式，主要是根据“礼”的规定和内容而形成的程序，“礼”是“仪”的内核，“仪”则将“礼”通过各种形式表达和展现，因此两者是相互关联和依存的。

传统教育仪式中饱含着古人的智慧，有很多宝贵的文化资源和精神财富，值得我们现代人去思考。传统教育仪式本身不仅是统治者一个无形的统治工具，也有许多好的东西，如报效祖国、敬重老人、尊师重教，以及谦虚谨慎、宾至如归等。从古至今，这些都是礼仪的重要体现，是礼仪的精华所在，也是人们赞誉的美德。一方面，正是历史的存在使得我们的文化在时间的积累中越发深刻，继承和发展传统教育仪式有助于深化教育仪式的内涵；另一方面，传统教育仪式对我们当前构建具有时代性的仪式文化具有重要的意义，是创新现代教育仪式文化特色的必经之路。因此，对于中国古代的礼仪及其制度的传承和发展要取其精华，去其糟粕，

① （美）邓尔麟. 钱穆与七房桥世界[M]. 蓝桦，译. 北京：社会科学文献出版社，1998.
② 黄克剑.《论语》解读[M]. 北京：中国人民大学出版社，2008.

真正做到古为今用。

第三，古代学校仪式制度为传统教育仪式演化发展奠定了丰厚的制度底蕴。中国古代学校历史悠久，形成了数量众多的仪式活动和严格规范的仪式制度。从入学到教学，再到行为，乃至未来发展都有着一系列非常规范、完整的体系制度。例如，《礼记·学记》提到："大学始教，皮弁祭菜，示敬道也。《宵雅》肄三，官其始也。"也就是说，大学开学的时候，官吏穿着礼服，用藻菜祭祀先圣先师，用以教育学生敬师重道；在祭祀时，齐颂《小雅》中的三首诗(《鹿鸣》《四牡》《皇皇者华》)，使学生从懂得做官的道理开始。例如，"入学鼓箧，孙其业也。夏楚二物，收其威也。"其意为，学生入学时，会先击鼓召集学生，再发放书箱取出书籍，借此让学生对学业产生恭顺的态度；教鞭和戒尺两件东西让学生心生敬畏，规范学生的行为举止。"未卜禘，不视学，游其志也。时观而弗语，存其心也。"其意为，在夏天祭祀活动之前，天子不来学校视察的时候，不考查学生的学业，是为了让学生有时间根据自己的意愿进行学习；教师经常留心观察学生的学习情况，而不进行指导，能够让学生用心思考。"幼者听而弗问，学不躐等也。此七者，教之大伦也。"其意为，年纪小的学生只可以认真听讲，不能插嘴，让学生懂得长幼有序。以上内容是教学最重要的方面。此外，最具有代表性的古代学校仪式还有释奠礼、拜师礼和视学礼。

"释奠礼"是中国古代学校祭祀先圣先师的仪式。例如，"凡学，春官释奠于其先师，秋冬亦如之。凡始立学者，必释奠于先圣先师"[①]。其意为，学生通过祭祀，表达对学说、理论及优秀人格的崇拜、向往、仰慕和信仰，是中国古代学校礼仪制度中极其重要的一项内容。释奠礼有着复杂的程序，它既作为古代学校的一种典礼，又是学校的一项制度。所谓释奠，即陈设酒食用以祭奠先师先圣。就祭奠对象来说，在古代不同阶段有

① 龙汉宸，等. 礼记[M]. 北京：北京燕山出版社，1995.

不同的祭奠对象，在周代为周公，宋元以后尊孔子为师圣，后来还增加了孔子的72位贤才弟子。就祭奠场所而言，一般在孔庙，欧阳修在《大理寺丞狄公墓志铭》中讲到："乃修孔子庙，作礼器，与其邑人春秋释奠而兴于学。"其意为，孔庙有孔子像，还有相关礼器、乐器和供品。掌管祭祀的官员担任祭奠主持，代表官方，政治性的味道很浓。仪式场景布局涉及方位、礼器、祭品、服饰的安排以及数字的潜在意涵等。释奠礼其表面上体现了儒家对尊师美德的培养，实质是通过对师的"释奠"实现与老师思想观念、价值追求、行为规范的认同和皈依。

"拜师礼"指为学知识给老师送礼。例如，《礼记·少仪》中讲到："其以乘壶（四壶）酒、束脩、一犬，赐人；若献人，则陈酒、执脩以将命，亦曰乘壶酒、束脩、一犬。"其意为，学生与老师初次见面时，必先奉赠礼物（一般为10条干肉），表示敬意，但是蕴含的意思是希望老师约束自己的言行和跟老师学习。孔子曾说："自行束脩以上，吾未尝无诲焉。"在孔子看来，入学缴纳束脩作为对老师的酬谢，这是理所当然的。这一传统也通过各种形式得到了继承和发展，形成了中华民族尊师重教的传统美德。历史上也有很多关于各种尊师重教的相关记载。例如，根据《余庆县志》记载，学生初入塾，常须烧香焚烛，一拜孔子，二拜私塾老师，师生关系自此确立。[①] 这应该就是古代拜师礼的一个大致过程。

"视学礼"是指古代帝王或者太子对学校的视察。"视学礼"自西周即已逐步建立，并形成了一套严格、规范、完整的制度。例如，《玉海·学校篇》提到："凡一年之中，养国老有四，皆用天子视学之时。一年之内，视学有四，故养老之法亦有四，皆用视学之明日。"其意为，在一年之中，天子必须到学校视察四次。视学之礼规格高、规模大、场面隆重庄严，体现了封建帝王对教育的高度重视，以及对儒家先贤的充分尊重。中国的历代皇

① 贵州省余庆县地方志编纂委员会．余庆县志[M]．贵阳：贵州人民出版社，1992.

帝都保留了这一礼仪，并逐步将其制度化。视学之礼不仅有利于统治者维护社会伦理秩序，还有利于促进统治安全。

中国古代的学校礼仪制度，除了以上三大礼仪，还有很多丰富的礼仪内容，并且都制定了一系列与之相配套的具体规则，包括了在举行各种礼仪时，所需陈设的器皿、穿着的服饰和演奏的器乐等内容。设计如此丰富的仪式，制定这些规范的内容，目的在于通过器物、服饰和音乐等更好地表现礼仪的性质，烘托行礼时的气氛，规范人们的举止，因此这些规定都十分严格。仪式只是中国古代学校礼仪教育的外在表现，作为重要的礼仪传习场所，学校的各种活动都有相应的制度规定，使学生在践行礼仪的过程中，逐步将其内化，并逐步上升为自觉行动。可以说，正是古代学校丰富规范的礼仪制度奠定了中国传统教育仪式的牢固基础，传统教育仪式正是在对这些古代学校礼仪制度的传承，创新和发展的基础上演化而来。

第四，封建等级制度为传统教育仪式的建立和发展奠定了明显的阶级底蕴。中国经历了上千年的封建社会，封建等级制度可谓根深蒂固，受其影响而形成的礼仪制度必然要服务于封建统治阶级的利益，具有鲜明的阶级性。所谓阶级性即阶级的本质特性，“是在有阶级的社会里人的思想意识所必然具有的阶级特性，这种特性是由人的阶级地位决定的，反映着本阶级的特殊利益和要求”。[①]《论语》强调“为国以礼”，《礼记》更是明确“礼其政之本欤”。由此看来，统治者的政治所欲达到的，正是“礼仪”所追求的，“礼仪”所追求的，正是统治阶级所欲求的。在一定意义上，“礼仪”与统治者的政治几乎成了同一事物的不同表达。从《左传》中“礼，经国家，定社稷，序民人，利后嗣者也”、《国语·晋语四》中“夫礼，国之纪也”等说法，我们可以看出“礼”是阶级统治的工具，因此在“礼”的使用上是有

① 罗竹风.汉语大词典(第十一卷)[Z].上海：汉语大词典出版社，1993.

一定限制范围的，即所谓“礼不下庶人，刑不上大夫”。而在“有教无类”的思想影响下，私人办学逐渐兴起，官学一统天下的局面被打破，于是更多的人，包括生活在社会底层的人们也有了进入学校，获得知识的机会。从“学在官府”到兴办私学，“知识下移”让更多的人能够接受教育，是一种社会的进步。同时，随着知识下移，礼仪也得以在更广阔的空间，乃至全社会的范围传播，并逐渐成为一种约定俗成，被越来越多的人接受与遵守。于是在中国古代社会中，礼仪一方面通过各种外在的制度规范对人们的行为进行约束和规范，另一方面通过将这些统治阶级制定的制度规范内化，成为衡量言行举止是否恰当的价值标准。

回顾古代礼仪制度的发生、发展、场所、对象和规范，我们还可以发现其具有鲜明的“家国一体性”。究其根源是因为礼仪是家国制度，家国一体的价值理念，将治家的“礼”上升到治国之礼，把生活领域的“礼”移植到公共领域中去。正是为了维护其明确的阶级立场和统治权威，封建统治阶级特别重视礼仪制度的建设，因此也让仪式本身具有了高度的规范性。周代的《周礼》《仪礼》《礼记》就是中国最早的礼仪学专著，根据《周礼》记载，周代统治者按照行礼的性质，把礼划分为五类，即吉礼、凶礼、军礼、宾礼、嘉礼，合称为“五礼”，从而确定了中国古代礼仪制度的基本结构。在以后两千多年的历史中，它们一直是国家制定礼仪制度的经典著作，被称为“礼经”。礼经涵盖的内容非常广泛和细致，包括场所的选择、器物的摆设、行礼的程序、着装和语言，甚至细到行礼的位置、秩序和方式都有规定，这也就形成了各种各样的礼仪制度。家国一体性最直接的体现就是古人的祭祀活动，《左传·成公十三年》说“国之大事，在祀与戎”。无论祭祖仪式，抑或是祭圣仪式，这些非常私人化的、家族化的仪式活动都具有政治的价值和功能。此后，随着时代的发展，统治者又不断赋予这些仪式各种新的文化意涵和政治色彩，持续影响着传统教育仪式的发展和演化，为其打上了深深的阶级烙印。

二、近代教育仪式的西化变迁

近代教育仪式诞生发展于中国近代最屈辱、最动荡的百年。对中华民族来说，这百年充满正义与邪恶、文明与野蛮、和平与暴力、统一与分裂。这百年近代教育仪式在反帝、反封建、反侵略、求民主的历史长河中不断破除封建传统，不断被西方文化侵入，不断在“破”与“立”中浴火重生，在继承和融合中演化发展。

第一，近代教育仪式演化的过程伴生于以“西学东渐”为主的近代化浪潮。“西学东渐”始于明朝末年，主要是指近代通过西方传教士和中国的一些思想家引入欧洲及美国等地学术思想的历史过程。这种演化过程包括“被动涌入”和“主动引入”两个方面。“被动涌入”主要是指伴随着西方传教士、外交家、商人等的到来，西方主流价值观、宗教思想不断涌入，推动了近代中国教育仪式的变迁。其中，传教士扮演了相当重要的角色，以汤若望、利玛窦、艾儒略等为代表的传教士们，随着中国口岸的开放来往各地，他们成立教会学校、开办教会医院、开设印书馆、发行期刊、出版译著，在试图将宗教传入中国的同时，引入了西方的科技学术思想，在推动清朝社会变革发展的同时，也不断侵蚀着中国的传统文化，对于西学的传入作出了很大贡献。此外，来华的官员、探险家等也成为传入西学的重要媒介。“主动引入”是随着近代大量出国的留学生、外交官、商人和旅行家等被西方文化熏陶过的人陆续返回中国而发生的。这些人直接接触到西方的教育和文化，最先被“西化”。他们主动把很多西方的教育理念和教育仪式传入中国，成了中国近代教育思想和教育仪式变迁的引领者。随着西方文化的大量涌入和西方文化与传统文化的融合，学校涌现出许多新的仪式，如开学和毕业典礼、校庆、节日庆典等一些重要时间节点的仪式。另外，值得一提的是，中国共产党在延安时期已经在各地军政大学中普遍开展开学、毕业、入党、校庆等政治仪式，这为中华人民共和国成立后的现代思想政治教育仪式的建设发展奠定了基础。

第二，近代教育仪式演化的最主要特征是新仪式的不断涌现。在近代教育内容和教育仪式的发展过程中，中西教育交融不断涌现，新的教育仪式不断被创设。以在华办学时间最长的教会学校——上海圣约翰大学为例，其很多仪式都是中国古代所没有的。在上海圣约翰大学，学生在一年级时要上一个学期的礼仪必修课，校长和教员在各种场合，甚至在早祷和布道中，都要求学生必须像一位绅士一样，举止优雅得体。① 如果说圣约翰大学还是一所教会学校，京师大学堂则是戊戌变法保留的唯一成果，是中国第一所近代意义上的大学，其立学宗旨就是“中学为体，西学为用”。忠君和尊孔是京师大学堂学生道德教育的根本任务。京师大学堂规定：学堂中立孔子牌位，师生都要行三跪九叩之礼；课前要宣讲四书五经；学生要对号入座，座位皆贴有名条；学生每日必须六小时在讲堂由教习督课，读中西文书时刻各半，四小时归宅自课；学生上堂斋须向教习作揖后才能就座。② 这个似乎跟中国古代有很大相似，但是也已有很大变化。1903 年颁布的《各学堂管理通则》对学生在学堂生活的各种场所及其礼仪、禁令与赏罚等都做了具体规定。③ 1912 年公布的《学校仪式规程令》规定，元旦及民国纪念日，行祝贺式；学年开始日，行始业式；各种纪念日（如孔子诞日、本校成立日等）行纪念会式。④ 1913 年，伍达发表了《教科以外之教育》一文，仪式教育作为教育的一种被提出来。他认为，“教科以外之教育”指的是学生在学校课程之外受到的教育。这种教育“其类别繁，其效用普，其影响于社会至远且大”。可分“集会教育”“修养教育”“补充教育”“旅行教育”“仪式教育”“锻炼教育”等十种。⑤ 以上种种，近代中

① 章开沅，马敏. 社会转型与教会大学[M]. 武汉：湖北教育出版社，1998.
② 李才栋. 中国教育管理制度史[M]. 南昌：江西教育出版社，1996.
③ 田海洋. 道德之维：民国时期训育研究[M]. 杭州：浙江大学出版社，2012.
④ 中国第二历史档案馆. 中华民国史档案资料汇编(第三辑一教育)[M]. 南京：江苏古籍出版社，1991.
⑤ 伍达. 教科以外之教育[J]. 教育杂志，1913(4).

国由于西方列强的强势侵入，传统封建礼教不断被破除，近代教育理念以及教育仪式在打破传统和融合西方的过程中不断涅槃与演进，以至于许多新的仪式被创设、传统的仪式被西化、西方的仪式被中化。

第三，近代教育仪式演化具有明显的西方中心主义特点。总结近代教育仪式演化过程和近代教育仪式的特征，在西学东渐背景下，中国近代不断兴起的教育仪式带有明显的“崇洋”倾向。由于各种不平等条约的存在，西方列强获得了各种特权，来到中国的西方传教士们凭借这些特权兴办教会学校，这些学校在中国的影响越来越大，与之相反的是，中国的传统教育随着清朝政府的没落反而逐渐衰落。所以，近代中国的公立教育模式是以西方教会学校为底色的，传统教育模式难觅其踪。以近代教育仪式中学生行为礼仪和课堂仪式演化为例，上海圣约翰大学宣布礼仪的原则为：举止得当为绅士的标志；己所不欲，勿施于人；尊重上司和女士；尊严和体面出自整洁；礼貌是社交的润滑剂……其中有一条特别规定，学生必须礼让女士。女士入室，学生必先起立，随时准备为女士让座，并处处照顾她们。“女士优先”的西方习俗，在清末民初的中国社会，不啻社交礼仪上的革命。此外，许多教会学校还引入了很多西方节日，如圣诞节、复活节，一些中西方宗教和世俗的节假日，如感恩节、元旦、升天节、受难节也逐渐出现在校历上。1926 年，上海圣约翰大学代理校长约翰·伊理向在美国的校长卜舫济报告说，一批中国教员在一次校务会上试图把中秋节和龙舟节定为校定假日，但“在经过大量讨论和无数动议后我们仍维持了旧校历”。这彰显了西方中心主义的强势。西方文明不断地在我国扩张，近代的教育仪式具有显著的西方色彩，其所体现的教育价值也被西方的意识形态与文化严重侵蚀。这一趋势在中华人民共和国成立后才得以改变。

三、现代教育仪式的转型升华

现代教育仪式经历了中华人民共和国成立后的政治改造和运动固

化、改革开放数十年的转型发展和党的十八大以来的深化升华，可谓是在曲折中摸索，在徘徊中前行，向着传统与现代、东方与西方、校园与社会多元整合的方向不断前行。

一是中华人民共和国成立后，以政治性仪式为主导的破旧立新过程属于思想政治教育仪式的“创设期”。中华人民共和国成立初期，国家对教育采取了维持原状、逐步改造的方针，同时向苏联学习教育改革经验，整顿旧学校、旧思想、旧风俗，重置升旗、入队、入团、国庆大典及各种教育仪式，开设了马列主义课程，并组织大学生参加土地改革、“三反”“五反”、抗美援朝等运动，无论是管理体制还是课程体系，都带有鲜明的政治烙印和苏联教育特征。1958 年，毛泽东同志提出了“教育必须为无产阶级政治服务，必须同生产劳动相结合”的教育方针。根据这一方针，各高校加强教育与生产劳动相结合，组织学生勤工俭学、上山下乡、熟悉工农等。这一时期的学生管理基本上沿用了抗大的做法，以提高大学生的社会主义觉悟和共产主义道德品质为主要目标，把学生工作当作学校政治工作的一部分，革命意识形态与政治特性的教育主导了教育仪式的变革与发展，因而思想政治教育仪式具有极强的政治性立场和鲜明的政治性特征。

二是改革开放时期，在保留固有学校教育仪式的基础上，新仪式被不断开发的过程，属于思想政治教育仪式的“转型期”。1978 年，邓小平同志提出要提高教育质量，提高科学文化的教学水平，更好地为社会主义建设服务；现代经济和技术的迅速发展，要求教育质量和教育效率的迅速提高；整个教育事业必须同国民经济发展的要求相适应。[①] 1983 年，邓小平同志进一步要求“教育要面向现代化、面向世界、面向未来”[②]。“三个面向”的战略定位，打破了高等教育只服务于政治的思想局限和束缚，树立起高等教育服从和服务于经济建设的思想观念。这一时期，学校非常支

① 邓小平. 邓小平文选(第二卷)[M]. 北京：人民出版社，1994.
② 邓小平. 邓小平文选(第二卷)[M]. 北京：人民出版社，1994.

持各学生自治组织举办的围绕促进学生各方面发展的主题仪式活动，只要师生个人、学生团体、院系、学校等主体觉得有必要，都可以围绕某个主题举办仪式。社会经济发展的多样化导致人们思想活动独立性和差异性增强，受传统文化和市场经济影响，思想政治教育仪式剧烈转变，各种形式的开学典礼、毕业典礼、授奖仪式、团体集会以及课外学术、科技、文化、社团仪式活动等如雨后春笋般出现。这一时期思想政治教育仪式的转型发展，既是对原有教育仪式的继承和完善，也是对原有教育仪式体系的不断破坏和重构，既取得了很多创新性成果，也带来了一些弊端。例如，高校越来越重视毕业典礼和学位授予仪式，采取了许多新颖的手段和形式，对教育学生起到了积极的效果，但有些学校的毕业典礼完全西化，只学到了皮毛，却不知其内涵，逐步演化为一种不得不完成的形式。再如，人们的生活条件得到了极大改善，但中华民族的传统礼仪和庆祝佳节的方式越来越流于形式，而西方所谓的圣诞节、万圣节等极具西方色彩和宗教意义的节日却越来越流行。可见，经历了创设和转型的现代教育仪式亟须迎来新一轮的重构和升华。

三是党的十八大以来，中国特色社会主义理论体系在理论与实践上对思想政治教育仪式进行“双重建构”，属于思想政治教育仪式的“升华期”。回溯历史，自中华人民共和国成立以来，作为青年大学生思想政治教育的常规手段与有效载体，思想政治教育仪式一直被教育界持续重视和广泛应用，逐步发展成为我国社会主义高等教育体系中不可或缺、极具国情特点的德育理念和教育方法。毋庸置疑，长期以来各级、各类、各层思想政治教育仪式在学校为国家培养社会主义合格建设者和可靠接班人方面做出了巨大成绩，而且也必将继续发挥重要的育人功效。但近几十年来，过分强调了学校、教师的单方面主导作用，将教育仪式越来越等同于课堂教育，忽视了教育仪式与内涵的与时俱进，逐渐导致思想政治教育仪式的学生参与度、接受度和影响力的不断削弱。党的十八大以来，国家高度重视仪式对国民的教育意义与作用，在对原有仪式不断深化改革，提升育人效果的同时，不断创设新型政治仪式，把握时代脉搏，引领社会风尚，主导思想潮流。2014 年，习近平总书记强调指出，要按照社会主义核心价值观的基本要求，健全各行各业规章制度，完善市民公约、乡规民约、学生守则等行为准则，使社会主义核心价值观成为人们日常工作生活的基本遵循。要建立和规范一些礼仪制度，组织开展形式多样的纪念庆典活动，传播主流价值，增强人们的认同感和归属感。① 随后，一些重大的政治仪式、创新型的国家仪式、振奋人心的大型活动不断涌现，受到广大民众的热烈欢迎和高度响应，取得了极好的育人效果。例如，2014 年 2 月 27 日，全国人大常委会通过决定，为了悼念南京大屠杀死难者和所有在日本侵华战争中惨遭杀戮的中国同胞，牢记历史，维护和平，将每年 12 月 13 日确定为“南京大屠杀死难者国家公祭日”。2015 年 9 月 3 日，是中国第二个法定的“中国人民抗日战争胜利纪念日”，纪念中国人民抗日战争暨世界反法西斯战争胜利 70 周年大会在天安门广场隆重举行，中国以最庄严隆重的形式纪念 70 年前那场保卫家园、抵御外敌的伟大胜利。2016 年 1 月 9 日，国家科学技术奖励大会在人民大会堂隆重举行，多位党和国家主要领导人出席大会并颁发奖励证书，彰显了国家对科技的重视，对人才的尊重。2017 年 7 月 30 日，为庆祝中国人民解放军建军 90 周年，我军第一次举行以庆祝建军节为主题的阅兵，彰显我军实力，提振国人士气，震慑敌对势力。另一项重要的仪式是宪法宣誓，根据新实施的宪法宣誓制度，国家公职人员就职时应公开进行宪法宣誓。2018 年 3 月 17 日，习近平在十三届全国人大一次会议上当选中华人民共和国主席、中华人民共和国中央军事委员会主席，并进行了宪法宣誓。国家层面仪式的深化和升华，也不断影响着高校思想政治教育仪式的多元整合，通过传统

① 习近平. 习近平在中共中央政治局第十三次集体学习的讲话[N]. 人民日报，2014－02－26(1).

优秀的仪式基因与西方先进的仪式理念的融合，思想政治教育仪式也不断被赋予了新的时代元素。例如，形式多样的开学典礼、毕业典礼、颁奖典礼等，草坪典礼、红毯仪式等新型仪式不断涌现；媒体高度关注校长语录，形成了以“某叔”“某哥”为代表的校长名人、学生偶像；各类高校仪式活动中的校园故事不断冲击着人们的眼球，引起越来越多的关注。这些仪式的变革和发展无不铭刻着时代的烙印、思想的光芒和多文化交融的印记，彰显着中国特色社会主义理论体系和社会主义核心价值观对思想政治教育仪式的理论指导与实践创新，也标志着高校思想政治教育仪式正在进行着“双重建构”，努力在新时代发挥更大的、更积极的思想政治教育功能。

第二节　教育仪式的历史经验与实践启示

近代以来，思想政治教育仪式表现出一系列新的特点，即继承性、阶段性和发展性。继承性源自思想政治教育仪式的根本遵循是一脉相承连贯完整的，阶段性源自思想政治教育仪式的具体内容总是要满足不同阶段历史任务的现实需要，发展性则源自思想政治教育和仪式本身都具有与时俱进的品格特质和内涵要求。基于此，笔者依据中国教育仪式变迁的历史经验，对思想政治教育仪式重点从以下三个方面进行分析和思考：第一个是思想政治教育内容对思想政治教育仪式的影响，第二个是仪式本身的程序规范问题，第三个是仪式的育人效果能否达到目标。

一、仪式的外在形式必须服务于核心内容

从传统、近代到现代不同时期的历史经验告诉我们，仪式的内容和侧重点是随着历史发展而不断变化的，但仪式的核心内容一定是统治阶级

意志的体现，而仪式的外在形式必须围绕内容展开，服务于统治阶级意志。正如马克思和恩格斯曾经指出的那样，阶级社会中占统治地位的阶级不但支配着物质生产资料，还支配着精神生产资料，这种支配集中体现为“赋予自己的思想以普遍的形式，把它们描绘成唯一合乎理性的、有普遍意义的思想”①。“关于这种观念的永恒性即上述物的依赖关系的永恒性的信念，统治阶级自然会千方百计地来加强、扶植和灌输。”②也就是说，思想政治教育的内容一定是体现和服务于统治阶级意志的，作为其重要载体的教育仪式也不可能例外。正如维克多·特纳认为的那样，仪式是一个“符号的聚合体”，仪式行为是一个象征性的活动过程，人们可以通过仪式的符号表象去理解、领会那些“隐藏”在仪式象征体系“背后”的要义，包括信仰、文化、价值观等。思想政治教育仪式对有意义的信仰、文化和价值观等的内容要好好挑选，而这种有意义不仅要迎合学生的“口味”，还要能够引领学生的“口味”，更为重要的是要符合统治阶级的意志。

仪式内容与形式互相联系、互相制约，仪式的外在形式一定是围绕内容展开的。马克思指出，如果形式不是内容的形式，那么它就没有任何价值了。③ 内容指构成事物的一切内在要素的总和，包括事物的各种内在矛盾以及由这些矛盾所决定的事物的特征、运动的过程和发展的趋势等。同一种内容可以有不同的表达形式，而同一种形式在不同的情境下又体现不同的内容。中国古代的礼仪制度、近代教育仪式的演化和现代教育仪式的整合都时时处处体现着形式对内容的服从与统一。《礼记·郊特牲》云：“礼之所尊，尊其义也。失其义，陈其数，祝史之事也。故其数可陈也，其义难知也。知其义而敬守之，天子之所以治天下也。”就是说，礼之

---

① 韦建桦. 马克思恩格斯选集(第1卷)[M]. 中共中央马克思、恩格斯、列宁、斯大林著作编译局，编译. 北京：人民出版社，2012.

② 马克思，恩格斯. 马克思恩格斯文集(第8卷)[M]. 中共中央马克思、恩格斯、列宁、斯大林著作编译局，编译. 北京：人民出版社，2009.

③ 韦建桦. 马克思恩格斯选集(第1卷)[M]. 中共中央马克思、恩格斯、列宁、斯大林著作编译局，编译. 北京：人民出版社，2012.

所以尊贵，贵在它的内容。如果失去了内容，只陈列出礼数，礼就是祝史执掌的事。所以，礼的形式容易照样摆出来，但它的内容却是难以了解的，了解礼的意义而且恭敬地维护它，这就是天子用以治天下的良方。

从古至今，学校都是育人的重要场所，学校开展的一切活动都具有其特定的目的和内容，教育仪式也必定是遵从和服务于这种目的和内容的。教育仪式是由学校中的各种仪式组成的系统，而思想政治教育仪式更注重的是仪式所蕴藏的价值观，同时体现的是学校特有的管理理念和人文精神。一些管理者由于对思想政治教育仪式缺乏完整的认识，认为仪式建设就是仪式形式的建设，特别容易形成“走过场”现象，这是高校思想政治教育仪式中一个突出的形式主义。比如，开学典礼和毕业典礼对于学校和学生来说都是非常重要的时刻，但是我们经常会发现有些学校领导只是露个脸，或者把自己的话讲完就离开了。千篇一律和缺少特色是高校思想政治教育仪式的又一突出的形式主义，仪式建设的思路普遍趋同，没有彰显特色，难以体现学校的办学理念、文化个性和独特风格。我们经常会看到一些学校惯于效仿，看到其他学校有新颖的仪式，马上全盘照搬。然而，由于仪式中蕴含着每个学校独特的文化，简单的移植往往会因为缺少仪式所应有的文化生态，最终成了东施效颦。正如马克斯·韦伯在《未来简史》中所说：“人是悬挂在由他们自己编织的意义之网上的动物。”没有意义的东西谁都觉得会浪费时间。对于思想政治教育仪式的组织者和教育对象来说，正是因为仪式有某种表达的意义才具有举行的价值，因此，如何选择仪式的形式，让形式服务于内容、“价值”就显得尤为重要。综上所述，思想政治教育仪式的形式和内容必须对应，两者不能缺一，更不能脱节。

二、仪式的过程管理必须规范于组织程序

无论是从传统教育仪式还是从近现代的教育仪式中，我们都不难发

现,仪式本身就是一种程序规范,必然对自身的程序性和规范性有着更高的要求。历史经验证明,仪式对思想政治教育的目的、效果具有巨大的推动作用,但是如果思想政治教育仪式不按照一定的程序规范来操作,就会流于形式,最终达不到思想政治教育的目的和效果,甚至可能会起到反面的作用。“规范”从词义上是指按照既定标准、规定的要求进行操作,使某一行为或活动达到或超越规定的标准,以达到预定的目标。因此,思想政治教育仪式必须有明确的规范。2014 年,中共教育部党组、共青团中央联合发文,要求建立和规范学校礼仪制度,丰富升国旗仪式、成人仪式、入党入团入队入学仪式等典礼的内涵,强化仪式庄严感和教育意义。① 若要避免仪式的随意性,就必须对思想政治教育仪式的整个过程进行规范化管理。

思想政治教育仪式组织程序和过程管理的规范大体可以分为三个方面。第一个方面是主题目标和内容范围的规范。目标决定主题,主题决定内容。简单地说,思想政治教育仪式的目的就是对学生进行世界观、人生观和价值观的教育,其所有的主题都要围绕仪式目的展开,而所有内容都要围绕特定的主题,为实现这一目的而设计。失去了主题的学校仪式容易走向“游戏化”,即学校仪式放弃其原有的道德教化、价值引领功能,以游戏的、娱乐的心态来进行,其神圣性和严肃性必然不复存在,仪式也就失去了存在的意义。第二个方面是程序设计和过程管理的规范。学校应当制订一整套规范思想政治教育仪式全过程的操作规范和细则,详细规定仪式全过程应当具有哪些环节,明确各个环节设计的意义和价值,这些环节有哪些具体工作,这些工作应达到什么要求和标准,各部门的职责,以及怎样评估和检查等。有了这套规定,仪式安排和管理工作才有章可循,评估和检查才有依据和标准。过程管理的规范就是过程安排,把过

① 《中共教育部党组　共青团中央关于在各级各类学校推动培育和践行社会主义核心价值观长效机制建设的意见》(教党〔2014〕40 号文),2014 - 10 - 17.

程涉及的每一个小的过程进行合理安排、分工明确、权责明晰、规范管理。只有严格规范的管理，使仪式按照既定的程序、内容执行，才能打造一个高质量的思想政治教育仪式，有效完成既定的教育目标。第三是仪式主体对象和情境设定的规范。仪式的举行必然需要主体对象，也就是人的参与，而哪些人参与仪式都是确定的，范围是预先设定好的。毋庸置疑，高校思想政治教育仪式的主体对象是大学生，我们必须时刻牢记从教育学生的角度出发设计仪式。但是，一些学校仪式并不是从学生的需求出发，而是从学校的角度考虑，情境设计脱离教育对象这个主体，没有对教育对象的特点进行认识、体验和感悟。这样的仪式自然没有感召力，仪式举办完，学校没感觉，学生也没有什么印象，仪式就失去了存在的价值。因此，必须注意到师生，特别是学生是仪式的主体，要充分尊重学生在仪式中的感受。开展高校思想政治教育仪式时，要提升仪式的效果，就必须关注仪式的主体感受。完成主体感受目标的关键在于情境的设定是否能够满足学生的需求，适应学生的特点。因此，必须合理设计、有序规范仪式的情境。尤其可以通过互动设计，让参与者进入仪式情境提升主体参与度、存在感和获得感。

三、仪式的感染效果必须统一于育人目标

教育仪式是通过对人的感染效果实现育人目标的。历史经验证明仪式的效果与育人的目标必须一致，目标达成度决定了仪式效果的好坏。可见，如果仪式的效果不能实现育人的目标也就失去了存在的基础，必然会在历史的车轮中被淘汰。不同历史时期的教育仪式都有其特定的目标。例如，传统教育仪式是为了实现儒家所谓的“仁”，维护封建阶级的统治，在一定程度上是固化人们的阶级观念，以培养为封建王朝服务的“士”为目标的，最直接的说法就是《论语》中的“学而优则仕”。近代教育仪式以打破封建束缚，融合创新，西为中用为目标，是在封建社会的土壤上培

养资本主义的新生力量，以培养冲破封建思想、积极接受西化、为社会变革服务的“人才”。例如，前文提到的“女士优先”礼仪制度的建立，就体现了对封建思想的摒弃和对西方文化的接纳。现代教育仪式以政治性为开端，革命性地开启了社会主义思想政治教育仪式，并以培养共产主义接班人为目标和己任，如入队、入团、入党仪式等，就是对学生共产主义理想信念的不断强化。当前高校思想政治教育仪式的核心使命是铸魂育人，主要内容就是对大学生进行社会主义核心价值观教育，为高校落实立德树人根本任务服务，为培养社会主义建设者和接班人服务。仪式的效果好不好归根结底是仪式是否实现了这样的目标。

教育仪式效果的强弱取决于其与育人目标结合的紧密度，育人功能发挥的充分程度上又取决于仪式组织者的目标意识。因此，必须反思的是，仪式的组织者和参与者是否均明确开展仪式活动的目的？是否存在知其然而不知其所以然的情况？其实，这正是当前高校思想政治教育仪式面临的极大困境。虽然现在教育仪式活动很丰富，但是很多组织者和参与者只明白思想政治教育仪式的重要性和必要性，即“知其然”，却不清楚这些教育仪式好在什么地方以及如何做好，即“不知其所以然”。因此，当前高校思想政治教育仪式育人功能存在的首要问题就是对目标的认识较为模糊。这种模糊使仪式活动容易从组织者的组织工作开始就进入误区，进而参与者的参与目的也变得模糊，最终必然导致仪式的思想政治教育功能被进一步削弱乃至彻底丧失。

第三节　新时代高校思想政治教育仪式的新要求

伟大的理论体系都是回应特定时代的需要而形成和发展起来的。这种“需要”，一方面体现在社会意识被社会存在所决定，另一方面体现在精神生产被物质生产所影响。与“每一个时代占统治地位的思想”都“支配着精神生产资料”[①]一样，作为社会精神生产的资料和产物，大学生的价值观也必然受到我国社会“占统治地位的思想”的制约和支配。当前，在全球化的大背景下，我国社会主义市场经济不断深化和完善，社会利益结构发生重大变革，青年大学生的思想也发生了巨大变化，尤其是互联网的飞速发展，改变了世界，也改变了中国，思想政治教育的地位和作用正面临巨大挑战。思想政治教育仪式的发展演化也是对新时代现实要求的客观反映，必然要受到诸多现实因素，尤其是政治的需要、社会的变迁、高校的发展和时代的特征等因素的影响。

一、坚持思想导向，突出价值引领

马克思和恩格斯在《德意志意识形态》中指出，统治阶级的思想在每一个时代都是占统治地位的思想。因此，统治阶级的意识形态必然决定着思想政治教育的根本目标和主要内容，思想政治教育一定是对所有社会成员开展的以传播统治阶级思想为目标的理想信念、政治信仰、价值追求、道德规范等的教育实践活动。我国传统教育仪式和阶级统治就是紧密结合在一起的，各类教育仪式都是“礼文化”的表现形式，而礼文化是受社会经济发展水平和政治制度的影响而逐渐形成的。

习近平总书记在全国高校思想政治工作会议上强调，我们的高校是党领导下的高校，是中国特色社会主义高校。他围绕“培养什么样的人、如何培养人、为谁培养人”和“办什么样的大学、怎样办好大学”两个根本性问题，阐释了关于党对高等教育发展规律的一系列新观点。[②] 党的十

① 韦建桦．马克思恩格斯选集(第1卷)[M]．中共中央马克思、恩格斯、列宁、斯大林著作编译局，编译．北京：人民出版社，2012．

② 习近平．习近平在全国高校思想政治工作会议上强调：把思想政治工作贯穿教育教学全过程　开创我国高等教育事业发展新局面[N]．人民日报，2016－12－09(1)．

九大报告指出要以培养担当民族复兴大任的时代新人为着眼点，并提出强化马克思主义、新时代理想信念、中国梦以及社会主义核心价值观等教育的新要求，为学生成长奠定思想基础，引导广大师生积极践行社会主义核心价值观。① 当代中国高校是中国共产党的高校，这就决定了高校思想政治教育仪式无论怎样发展变化，都必然是以传播中国共产党的意识形态为目标，而仪式的主要内容也必然是以传输马克思主义信仰和理想信念为根本，以宣传党的思想、路线、方针和政策为遵循，以教育引导学生践行社会主义核心价值观为落脚点。一直以来，思想政治教育仪式都是高校思想政治教育的重要载体，为高校培养社会主义合格建设者和可靠接班人发挥着重要作用。因此，高校必须坚持正确的思想导向，突出社会主义核心价值观的引领作用，持续提升高校思想政治教育仪式的感染性，切实提升思想政治教育工作的育人效果，牢牢占领高校的思想阵地，更好地掌握高校意识形态领域的话语权。

二、符合时代需要，切合高校发展

高校思想政治教育仪式的根本目标和本质属性是稳定的、不变的，但是教育内容需要随着时代的发展和环境的变化不断完善创新、与时俱进，要充分坚持目的性与规律性的统一，这既是履行高校育人战略任务的要求，也是提升高校思政教育有效性的关键。党的十九大报告明确指出，中国特色社会主义已经进入新时代。历经 70 多年的社会主义建设，尤其是 40 多年的改革开放，中国社会历经风雨，社会性质、生产力状况、人们的思想状况等都发生了翻天覆地的变化。在不同的历史阶段，不仅社会环境不同、时代要求不同，高校自身也在不断发展和变革。正是因为高校思想政治教育仪式的目标、内容、形式、要素在时代潮流、社会发展、高校建

① 习近平. 决胜全面建成小康社会　夺取新时代中国特色社会主义伟大胜利：在中国共产党第十九次全国代表大会上的报告[M]. 北京：人民出版社，2017.

设的客观环境中与时俱进、发展创新，才使思想政治教育仪式能够在高校范围内成为马克思主义灵魂铸塑的重要途径。从中华人民共和国成立初期政治性仪式主导的创设，到改革开放多元融合发展的转型，再到十八大以来的深化升华等，都是高校思想政治教育仪式内容顺应时代、契合高校发展需要的宝贵经验。

培养社会主义建设者和接班人，是我们党的教育方针，是我国各级各类学校的共同使命。大学对青年成长成才发挥着重要作用。高校只有抓住培养社会主义建设者和接班人这个根本才能办好，才能办出中国特色世界一流大学。① 这一使命要求高校必须牢牢把握政治方向，必须时刻占领思想高地，把学生的思想政治工作放在更为重要的位置。高校的思想政治教育工作必须符合新时代的新需要，契合学校的发展趋势，以执着追求、脚踏实地的工作作风，锐意进取的精神风貌，以史为鉴、创新工作方法，提升高校思想政治教育的针对性和有效性。作为思想政治教育的重要组成部分，仪式教育承担着思想引领和灵魂铸塑的艰巨任务，是高校意识形态工作的重要阵地，必须符合时代的需要，切合高校的发展。

三、尊重教育规律，贴近学生实际

思想政治工作从根本上说是做人的工作，必须围绕学生、关照学生、服务学生，不断提高学生思想水平、政治觉悟、道德品质、文化素养，让学生成为德才兼备、全面发展的人才。② 高校思想政治教育工作必须因事而化、因时而进、因势而新，这是新时代做好高校学生思想政治教育工作的总要求。因此，新形势下加强和改进高校思想政治教育归根结底要解决两个问题：第一个是吸引力问题，也就是如何让受教育者解除抵触或

---

① 习近平. 习近平在北京大学师生座谈会上的讲话[N]. 人民日报，2018-05-03(2).

② 习近平. 习近平在全国高校思想政治工作会议上强调：把思想政治工作贯穿教育教学全过程　开创我国高等教育事业发展新局面[N]. 人民日报，2016-12-09(1).

漠视心理，自觉认识到马克思主义与自身成长发展之间的关系，并有兴趣接触、学习、践行马克思主义；第二个是实效性问题，也就是如何使已经开展的思想政治教育在大学生群体中入脑、入心、入行，让马克思主义理论真正成为帮助青年大学生认识世界和改造世界的工具。而吸引力和实效性的关键问题之一，就在于教育内容是不是符合青年大学生的思想实际，是不是真正贴近学生、贴近生活，是不是真正关注到学生成长成才的现实需要。

灵魂铸塑是一个以个体内化为主要动力的思想发展和变化过程。我们在传承和发展传统教育仪式的过程中，必须取其精华，去其糟粕，顺应时代的要求，符合学生的特点，重在增强价值观传播的表达性与感染性，合理抛弃烦琐复杂的仪式程序。传统教育仪式给我们留下了很多启示，例如，传统教育仪式非常关注细节，极力借助于细节的展现、规范和完美，提升仪式的感染性，影响学生的道德规范、价值追求和行为举止。新时代思想政治教育仪式也必须在细节上下功夫，将仪式精品化、完美化，使仪式参与者在精美的感受中实现价值自觉，最大化地提升仪式感染人、教育人的实际效果。党的十八大以来，国家成功开展了一系列重大仪式活动，包括建军 90 周年阅兵仪式、国家公祭日仪式活动、实施宪法宣誓制度等。这些仪式活动之所以会受到极大关注，取得良好社会效果，就是抓住了人民的关注点，符合了人民的愿望，满足了人民的需求，与此同时也实现了对广大人民的爱国、爱党、爱社会主义的教育，提升了人民的满意度和自豪感。可见，只有教育内容与受教育者的生存、生活、成长息息相关，才能在教育过程中产生说服力、共鸣力和感染力。将思想政治教育仪式的内容设定建立在贴近学生、尊重学生、关爱学生的基础上，是加强和改进高校思想政治教育工作的重要经验之一。

四、重视网络影响，拓展仪式空间

中国互联网络信息中心（CNNIC）发布的第 45 次《中国互联网络发

展状况统计报告》显示，截至 2020 年 3 月，我国网民规模达 9.04 亿，互联网普及率达 64.5%；手机网民规模为 8.97 亿；20—29 岁、30—39 岁的网民占比分别为 21.5%、20.8%，高于其他年龄群体；初中、高中/中专/技校学历的网民群体占比分别为 41.1%、22.2%，受过大学专科及以上教育的网民群体占比为 19.5%；在我国网民群体中，学生最多，占比为 26.9%。可见大学生群体是网民的重要组成部分，互联网正不断影响着他们的学习模式、生活方式、思考方式以及行为准则。习近平总书记在第二届世界互联网大会开幕式上讲话指出："要加强网络伦理、网络文明建设，发挥道德教化引导作用，用人类文明优秀成果滋养网络空间、修复网络生态。"①我们正处在一个互联网技术高速发展、全球高度互通融合的时代，新时代的思想政治教育仪式不可避免地受到互联网技术的影响和冲击。因此，我们必须高度重视网络对高校思想政治教育仪式及其感染性的影响，主动拓展和占领网络仪式阵地，发挥网络的正面引导作用，减少网络的负面冲击和影响，提升育人的效果。具体来看主要需要关注以下三个挑战。

第一，互联网的便捷性是一把双刃剑，既方便了我们开展教育仪式活动，又把我们的教育对象从仪式现场分流。互联网超越了传统的地理空间，信息传播更是打破了各种壁垒，联系全球、缩小世界。互联网的便捷性主要表现在这样两个方面：一是学生只要掌握了相应的上网方法，通过手机或电脑等电子产品，就能很快地获得自己需要的各种信息；二是从互联网上获取信息十分快捷，它同接收广播、电视信息一样，接收与发布是同步的，不受时空限制。因此，很多学生开始习惯通过网络参加各类活动，包括思想政治教育仪式活动，逐渐丧失了到现场参加仪式的主观能动性和客观的实际行动，这样就使思想政治教育仪式的效果大大下降。因

① 习近平.习近平在第二届世界互联网大会开幕式上的讲话[N].人民日报，2015-12-17(2).

此，我们必须充分认识到互联网的两面性，既对新时代开展思想政治教育仪式提出了挑战，也为其提供了更加广阔的空间和更加多样灵活的选择。

第二，互联网的开放性对我们现实空间的思想政治教育仪式的价值融入构成了挑战。网络社会的建构改变了人们的生活习惯和生存方式，网络化和信息化越来越成为青年大学生学习生活的新方式。互联网具有开放性的特点，各种信息在这里集聚，东方和西方、古代和现代、宗教和民族、高尚和低俗等各种思想都同样呈现在网络世界里。如果青年大学生没有足够的甄别能力，这些多元的思想就会对他们产生负面影响。我国高校思想政治教育的手段和方式还不够丰富和多元，还没有能够充分占领网络思想政治教育空间，这也是学生对思想政治教育仪式逐渐失去兴趣的一个重要原因。

第三，互联网的可选择性和交互性更加契合了当代大学生的特点，对思想政治教育仪式的传统形式构成了威胁。与传统媒体的传播方式一样，当前高校的思想政治教育主要通过单向的传播渠道，由发布者制作内容和传播信息，学生只能作为被动的接收者，教育者也难以从学生那里获得信息反馈。互联网则很大程度上改变了上述信息传播模式，表现出了交互性的典型特征，不仅大学生可以按照个人的意愿对信息进行主动地选择，而且信息发布者也可以通过一定的渠道和手段第一时间获得用户(大学生)的反馈。互联网这样一种及时、准确、无限的交互方式是传统教育与传播方式根本无法实现的，特别是微传播、自媒体等的出现和迅猛发展，学生的可选择性更多，交互性也更强。而互联网的这种可选择性和交互性恰恰是新时代高校思想政治教育仪式及其感染性所迫切需要的，是增强仪式感染性的重要手段。

第三章　高校思想政治教育仪式感染性的现状考察

高校思想政治教育仪式是“应然”和“实然”的统一，因此，高校思想政治教育工作者必须从实践出发，进行实证研究，总结经验，明晰不足。因此，本章借鉴和吸收学界已有的研究成果，在理论分析的基础上，结合实际工作经验，通过个案访谈，借助材料分析、特征归纳等方法，从仪式的价值内涵、主体参与、感染效果三个层面，尝试考察高校思想政治教育仪式的现状，在实证调查的基础上努力进行理论演绎，力求为思想政治教育仪式及其感染性的研究提供实践支撑。访谈形式为座谈会和个别访谈相结合，选取高校教师 10 名，其中学工部(研工部)部长 5 名，辅导员 3 名，教师 2 名；选取 211 高校中某理工大学学生代表 30 名，其中男生 15 名、女生 15 名，工科 14 名、文科 10 名、理科 6 名，大一学生 5 名、大二学生 5 名、大三学生 5 名、大四学生 5 名、研究生 10 名。在选取访谈学生的过程中，笔者通过随机抽样，努力避免重复选取主要学生党员、学生干部等具有明显特征的群体，以保证受访者的代表性。然后，有意识地依据目的抽样的原则平衡受访者的性别、年级、政治面貌和文理学科的分布。主要想了解的问题是：第一，高校思想政治教育仪式开展现状、效果及存在的主要问题；第二，思想政治教育仪式对受教育主体的感染效果如何，以及影响其感染性的基本要素有哪些、作用过程和机理如何；第三，如何改进现有思想政治教育仪式以激发其感染性，以及如何构建高校思政教育仪式理想模型；第四，收集鲜活的第一手案例。

第一节　认知度：思想政治教育仪式的认知程度

认知是指人们依靠自我认识、思维和知觉自身的发展，进而得到有关感觉和理念的知识，主要包括理解和推理。认知的程度体现了教育者和大学生自己意识到的信念及准则，是师生对思想政治教育仪式的理性认识和主动把握。认知的程度决定了我们开展仪式的理想态度和自觉践行的程度。思想政治教育仪式就其本质和结果而言，是建立在主体的理性认识基础之上的，是主体自觉地认识和把握的结果。因此，考察高校思想政治教育仪式及其感染性的现状，首先必须了解和掌握教育者和大学生对高校思想政治教育仪式认知的现实情况。

一、概念内涵认知的模糊化

对思想政治教育仪式进行深刻的认识和理解，在理论上必须从概念开始，在实践中必须考察其存在的必要性，也就是存在的价值。“概念”反映了我们对于事物最基本的认识。在访谈中，笔者从师生对“思想政治教育仪式”的定义入手，厘清师生对其概念的理解程度，帮助我们分析高校思想政治教育仪式的现状。

在访谈中，我们发现受访教师普遍对思想政治教育仪式的概念有比较清晰的理解和认识。受访学生虽然不能明确定义“思想政治教育仪式”，但基本能够概括出它的概念范畴。如表 3-1 所示，受访学生对“思想政治教育仪式”概念的理解大体上分为三类：教育方法、规定动作和说不清楚。在教育方法中，包含一种必要的教育方法，一种教育学生的手段，一种思想政治教育的载体；在规定动作中，包含一种规定的程序和一种形式化的过程。从分类中，我们看到更多的学生将思想政治教育仪式归为一种形式化的过程或者按惯例的规定，而对其作为教育方法、手段的内涵并不是很清楚或者理解得较为浅显。

表 3-1　受访学生关于“思想政治教育仪式”理解的分类

序号	类别	频次	主要观点
1	教育方法	3	是一种必要的教育方法
		5	是一种教育学生的手段
		2	是思想政治教育的载体
2	规定动作	7	是一种规定的程序
		9	是一种形式化的过程
3	说不清楚	4	不清楚

在访谈中，有的学生并不知道具体什么是思想政治教育仪式，或仅能举出少量记忆模糊的形式化活动，并表示其实不太知道什么才是思想政治教育仪式。说明大学生对思想政治教育仪式的概念较为模糊，内涵界定不清。还有很多学生将思想政治教育和教育仪式等同化，将马克思主义原理、思想道德修养、近代史纲要等思政课程或者相关讲座也理解为思

想政治教育仪式，对思想政治教育仪式的理解存在误区，从而导致对仪式产生错误的认知。正是由于学生对思想政治教育仪式的概念模糊甚至存在误区，无法理解其真正的内涵和意义，因此也就不能很好地参与仪式，容易失去获得感。事实上，仪式具有天然的表演性质和特征。① 仪式行为与人们生活中的一般行为有所不同，更加具有象征意义，能够表达更加丰富的内容，但其又具有程序性、程式化、陈规化的显著特点，模式统一重复、秩序固定严谨、形式规范刻板。现实生活中，我们不难看到许多高校思想政治教育仪式活动在机械性地轮回往复中，一部分仪式已经逐渐演化成了一种纯粹的形式，其丰富而深刻的实质性教育内涵和蕴含的价值逐渐淡化、丧失，部分师生已经忘记了这些仪式真正的内涵。

受访学生代表性表述如下②：

Q：你是怎样理解“思想政治教育仪式”的？为什么？

S4：思想政治教育仪式是指为了培养一个人的思想政治觉悟，以使其形成正确的人生观和价值观为目的而开展的一些活动。不过是仪式性比较强的，就像宣誓，能让人留下比较深刻印象的活动，对人们的思想起到比较好的引导作用。

S5：思想政治教育仪式应该是和我们平时的毛概课、思政课差不多，主要是讲解一些国家的基本状况和时政。类似十九大报告，还有中国特色社会主义……其实我不太理解什么是思想政治教育仪式。

S6：思想政治教育仪式是指用不同的方式，让我们的思想得到提升的活动，从而增进对国家时政方面的认知，把我们的思想往正确的方向

① 彭兆荣. 人类学仪式的理论与实践[M]. 北京：民族出版社，2007.

② 访谈内容中有关字符含义的说明如下：Q表示访谈者，S表示受访学生，T表示受访学工部部长；数字表示受访对象的编号.

引导。

S8：思想政治教育仪式通过一种行为对人的思想产生影响，使他产生某种信念，如入学以来的表彰大会、红色文化旅行、宣誓活动和升旗仪式。差不多也就这样，有些想不出来了。

S11：思想政治教育仪式主要就是让我们继续走中国特色社会主义道路，坚持党的领导，而不是被西方的一些思想所左右、所迷惑，让我们坚定自己的信念。

S13：我觉得思想教育仪式就是有组织的，以思想教育为目的的，提升大学生对党和中央有关政策认识的一种教育形式，具体可能包括思政课、思想教育讲座、相关新闻、时事政治、党支部会议、读书活动等。

笔者在访谈中关注的另一个焦点就是思想政治教育仪式的必要性问题。虽然，受访学生对思想政治教育仪式的概念理解较为模糊，但是关于思想政治教育仪式必要性的讨论，观点还是比较一致的。

Q：你认为高校思想政治教育仪式有什么意义？必要性如何？

S3：我觉得是有必要的。现在很多媒体报道显示，似乎我们这个时代的人思想意识在走下坡路。作为中坚力量的大学生，我们很有必要树立正确的价值观、形成积极的思想。一个人如果业务能力很强，但是他的价值观不正确的话，对他身边的人和他自身的成长都是不利的。

S5：仪式教育是需要的，它会潜移默化地促使你进行反思。需要有一些仪式性的活动，把大家的注意力吸引到这上面。……思想政治教育仪式的影响，是能够让我们避开自己的世界中的盲点，拓宽我们的胸怀和视野。

S6：我觉得是有一些必要的。但如果能够换一种形式会更好，学校开展思想政治教育仪式的主旨是为了把我们的思想往正向引领，使得我们在心智上得到一定程度的提升,也会让我们更加关注国家大事。……能够更好地促进我们的全面发展。

S12：我觉得还是挺有必要的。随着国家各方面水平的快速发展,生活条件越来越好,我们没有经历过很多艰难困苦,尤其是独生子女一代在家里比较娇宠。读了大学,就会觉得自己特别好,经常以自我为中心,很少考虑他人的感受。如果我们对国家、民族和集体的关心减少,有时甚至很难产生情感上的共鸣,或者那种油然而生的自豪感、认同感,那这时进行思想政治教育就是很有必要的。现在也有很多学生读了大学后,觉得自己不感兴趣或者找不到自身发展的方向,我觉得思想政治教育这方面,其实也是为了引发学生对于自己所学专业或者即将从事的工作的一种认同感。让自身发展与国家发展联系在一起,让个人和集体能有个比较好的融合。其实工作是不分贵贱的,国家的进步离不开任何一项工作的开展,或者是每一个工作人员的付出,那你只有认同了,了解到这一点,你有了社会感、责任心、使命感,那你才能做好自己分内的,社会才能进步。

可见,受访学生普遍认为有必要开展思想政治教育仪式。主要原因可归为以下三点：一是直面时代困惑的需要。随着市场经济的高速发展,道德滑坡的现象屡见不鲜,对于社会主义建设者和接班人的大学生来说,就更加需要思想政治教育仪式,帮助他们厘清问题,摆脱迷茫和困惑(如 S3)。二是学生成长成才的需要。高校不是为了培养书呆子,而是为了培养德才兼备、目标远大和胸怀宽广的全面发展的人,因此更需要培养学生的历史责任感和集体意识,摒弃精致的利己主义和个人中心主义(如 S12)。三是社会和谐与国家富强的需要。通过高校思想政治教育仪式潜移默化地影响学生,将个人前途和国家命运紧密联系在一起,为了同一个目标、同一个梦想奋力拼搏、勇往直前,从而担负起让祖国富强、民主、文明、和谐的历史重任(如 S5、S6)。

综上所述，学生对“思想政治教育仪式”的认知总体上表现出以下四个特点：一是受访学生对思想政治教育仪式的认知普遍较为模糊，总体方向上的认识是正确的，但在理解上还欠缺深度。对于思想政治教育仪式概念以及其存在必要性的认知，受访学生的表述和观点均呈现出多样化特征，回答问题的思路虽然较为开阔，但绝大部分还是出于本能认知的状态。这种认知缺乏系统理论的有效支撑，明显不够深刻，是浅层次的感性认知。二是受访学生大多无法厘清思想政治教育仪式的范畴和边界，将其混同于普遍意义上的思想政治理论课、入党等，难以对其进行确切而清晰的界定，但又切实感受到思想政治教育仪式的存在，并深刻影响着自身生活的方方面面。这显示出学生们在理论层面的认识、思考以及自觉度还有欠缺，即使抽象思维较为活跃，也还难以对思想政治教育仪式的概念进行准确和恰当的描述，而仅能凭个人浅显的感性认识，以及一定的生活经验对其进行零散的表述。三是受访学生普遍认为思想政治教育仪式是被规定的，是不得不参加的教育活动，因此他们的积极性不高、主动性不强，但又认为开展思想政治教育仪式是非常必要的，无论对自身的成长发展还是对国家和民族都具有意义。正是理解的模糊导致了这种矛盾的表述。四是受访学生对思想政治教育仪式有一定的理性认识，但还不能脱离具体的情境加以抽象概括。如 S12 这名被访者，她很清楚地阐述了自己对思想政治教育仪式必要性的看法，但却说不清其究竟是什么。从访谈中，我们能够总结出，绝大多数受访学生在谈到具体内容时都偏重个人经验性的表述。

二、形式功能认知的惯例化

“形式”是指事物内在要素的结构或表现方式，犹言表象。“功能”是事物本身就有的作用和效能，它突出的是事物“能够做什么”，是事物的客观属性。思想政治教育仪式的“形式功能”是指形式上的安排满足了功能的实现，或者说仪式所表现出来的作用和效能。作为育人的重要场所，学校开展的一切活动都具有教育目的和意义，如何通过一定的形式更好地展现思想政治教育的内容？正如培根在《新工具论》一书中所指出的那样，形式“不是别的，正是支配和构造简单性质的那些绝对现实的规律和规定性”。由此可见，最好的形式就是仪式，如宣誓仪式、毕业典礼。原来可能就是一个形式，时间长了就仪式化了。那么思想政治教育仪式具有哪些形式功能，在现实中又让学生真正切身体会到了哪些功能呢？一般我们认为，思想政治教育仪式是具有历史传承性的活动，是大学文化、价值观念的载体，具有文化熏陶、道德引领、价值传递和行为养成的功能，同时，仪式在某种程度上还是一种习惯、一种惯例、一种不得不完成的环节。笔者对受访学生进行访谈的结果如表 3－2 所示。

表 3－2　受访学生对思想政治教育仪式主要功能的排序

	第一位	第二位	第三位	第四位	第五位
文化熏陶	5	8	6	7	4
道德引领	2	7	5	5	11
价值传递	1	1	7	9	12
行为养成	6	9	8	6	1
惯例形式	16	5	4	3	2

从表 3－2 的统计结果看，对思想政治教育仪式主要功能的排序中，受访学生更多地把惯例形式排在了首位，代表性观点如下：

Q：为什么把惯例形式放在首位？

S2：我觉得有一些思想政治教育方面的活动太过于枯燥。很多时候是规定我们必须参加，如定期举办的一些仪式活动就是这么规定的，日复一日、年复一年。一旦到了那个时间，我们就应该去参加这些活动，从而形成了一种惯例。

S12：就像有一些活动，仅仅浮现于表面，就是任务布置下去，组织大家观看然后要拍照片，最后再写个报告材料。思政教育仪式其实都落在组织者身上，他要组织同学摆拍照片，然后再自己写一份报告。

S16：有些思想政治教育仪式比较形式化和枯燥，确实是这样的，比如在一场仪式活动中，如果主办的人机械式地完成任务，比如放一放幻灯片或者上台读稿子，并没有让我们理解到本该传达的精神主旨，就会觉得比较“水”。

S3：这些仪式性的活动很容易被大家理解成形式化的活动或任务。但我觉得，如果真正参与的话，还是能得到一些启发的。

可见，多数受访学生将惯例形式摆在首位，同时也表示了自己的忧虑。如果高校思想政治教育仪式只是流于表面功夫和形式主义，就会降低对学生的吸引力和感染力，从而起不到应有的价值引领作用。在市场经济高速发展的今天，多元价值彼此冲撞，道德滑坡的现象屡见不鲜，学生们到底是做一个西化了的精致的利己主义者，还是去坚守伟大中国梦的共同理想呢？显然，他们需要有正确的价值引领。高校思想政治教育仪式必须承担起这样的责任，引导学生认同自己担负的历史使命，并为之努力学习、奋斗终身。

此外，在访谈中，受访者经常会提到思想政治教育仪式在移植和嫁接中跑偏的问题，这种跑偏往往造成仪式功能的扭曲甚至丧失。高校思想政治教育仪式的移植包括对传统仪式的继承、与国外仪式文化的融合、对其他高校仪式的效仿，以及各类社会仪式、宗教仪式对校园的入侵等。这种移植蕴含着对仪式的学习、研究、创新和发展，过程中不可避免地出现跑偏和异化。比如，前面讨论过的学位授予仪式，就不是中国大学发展演化过程中积淀产生的，而是从西方借鉴过来并加以改造的，正如受访学生S1谈道："我不知道为什么有些仪式活动要这样设置，就像毕业典礼和古代完全不同。"事实上，中国大学的发展历史是短暂的，中国大学的成长过程是坎坷的，而这一历史进程中学习和借鉴不可避免地成了主旋律。以学位授予仪式为例，就是从西方借鉴、引进和改造过来的，没有中国传统文化作为根基，缺乏系统的知识体系作为依托和传承，不可避免地就会出现学习过程中的"走样"，进而得其形而失其神。伴随市场经济大潮的冲击，高校必然也不能免俗，必须主动寻求合作，熟悉和适应市场化的运作规则，将市场化运作的逻辑移植到高校中来，如举办捐赠仪式、签约仪式、颁奖典礼等。同时，作为一级社会组织，高校必然会受到所处社会大环境的影响，积极保持与政府部门、社会组织的联系、交流，主动寻求合作，在处理各种关系时，维持与社会的衔接，也必然从这些连接中受到官僚体制的影响和社会不良风气的感染，很多仪式中对校内外官员地位的凸显就是最好的现实例证。如受访学生们谈道：

S9：我经常会被安排去参加一些奖学金颁奖仪式、企业宣讲会。其实这和我没有任何关系，就是给老师面子，去撑个场面吧。大不了就自己在下面玩手机。

S8：让我们参加学校和企业的签字仪式，其实这和我们没有任何关系，我们去不过是可以领一份企业的产品做纪念，不过就是让我们撑场面。

S29：有一些嘉宾的讲话，明显感觉到他个人的价值观似乎都不太正确，然后也会影响到在座的学生，我觉得不太能接受。

而从高校教育者的角度，我们可以看到思想政治教育仪式的功能是普遍被认可的，仪式教育仍然是高校教育活动中不可或缺的重要组成部分，是大学生思想政治教育工作的必要手段。受访教师的代表性观点如下：

T3：通过仪式让学生对某件事情的印象更加深刻，然后就对学生的成长会非常有帮助，包括树立理想信念、培养道德情操、养成行为规范等。

T4：仪式经常是被规定了的，什么时候组织什么仪式是固定的，当然有些时候我们也会自行组织一些特别的仪式。每个仪式有固定的目的和意义，比如，毕业典礼要体现爱校荣校、投身祖国建设等。

T5：仪式让学生明确自己的成长阶段。比如说我入学了，我 18 岁了，或者我毕业了。那入学了或者 18 岁了，什么概念？从法律意义上，我是一个独立的人，会为自己所有的行为负责，完全掌控自己的人生。

T9：我对 1997 年入党时的那种仪式感还是非常深刻的，觉得挺震撼。每个人都会讲一些自己的经历，特别真实。但是，我觉得现在的孩子即使参加像入党这样的仪式，也很难有那种深入灵魂的感觉。

T6：仪式的功能很重要，你到大学学到什么，其实可能就是一个人自觉的能力，就是反思自己的能力，有了这个能力，你就可以不断地学习。

综上所述，任何仪式都离不开形式，一定程度的形式便于组织与运作，但形式必须与仪式的内容统一，形式必须服务于内容，否则就会走向“形式主义”。仪式倾向于程式化、陈规化和重复化，在重复的仪式中释放和表达情感，传递共同的价值追求。而恰恰又正是这种程式化的不断重复，使仪式成了一种习惯，成了学校的“惯例化”操演。当然这种“惯例”中自然也蕴藏着其他的形式功能，这些功能中最为直接的是对于行为的养成。在习惯性行为基础上实现程序化、规范化操演，使学生养成良好的行为习惯，最终形成良好的品德与行为，比如，升旗仪式时要保持安静、要脱帽、要行注目礼等。与此同时，作为思想政治教育的重要载体，仪式具有承载和传递价值观念、政治信仰、道德规范的功能。在仪式的场域内，组织者和参与者共同经历一系列程序化、规范化、形式化的活动，共同受到仪式中各种具有象征意义事物的影响，从而形成相似的道德规范、文化理念和价值认同。但在现实中，由于这些功能被隐藏在仪式中，蕴含于仪式象征物之内，往往被人们所忽视，在一定程度上异化成了某种权力展现、行为操控的工具。久而久之，一些大学管理者司空见惯、习以为常，对学校仪式文化的认识趋于片面、简单，肤浅地认为学校仪式文化建设就是学校仪式形式建设。这进而导致了仪式形式与内容的偏离。

三、象征意义认知的无感化

仪式是通过具有某种特殊意义的仪式情境来表现意义的，仪式情境主要是通过活动、对象、场景等构造，并由许许多多的“符号”编织而成，这些符号具有象征意义。“象征”意为以一种形式代表一种抽象事物。“象征意义”是借用某种事物暗示特定的人物或事理，以表达真挚的感情和深刻的寓意。正如沃泽所描述的：“国家是不可见的，他必被人格化方可见到，必被象征化方能被热爱，必被想象才能被接受。”[①]思想政治教育仪式就是一个复杂的象征系统，仪式中随处可见具有象征意义的符号，如仪式中的器物、言行、声乐、时空和事件等，也可以说，思想政治教育仪式就是借由一定的象征符号和象征方式有机组织起来的整体。仪式借助于这些在情境中进行表演的象征性符号，通过仪式参与者对这些象征性符号的持续接触和理解，使得隐藏在仪式背后的价值观被参与者所接受，从而达到仪式育人的目的。

那么学生是如何理解和认识仪式中的这些象征性符号的呢?

Q：你认为仪式中的什么符号具有象征意义呢？有何作用？

S2：首先表明了一个人的身份。比如，戴上党徽，别人就会知道你是一名党员，你就会对自己的身份有一定的认同，同时要求自己也要做得比

① 郭于华. 仪式与社会变迁[M]. 北京：社会科学文献出版社，2000.

其他人再好一些。但是在一些比较严肃的仪式活动中，有的主持人或者主办者会故意搞笑来活跃气氛，就会显得有些随意，与当时的场景很不协调。

S5：我们那时候是参观了中共一大的会址，在一楼有一个党旗，当时的党员一共九名，我们就在一楼由一个同学带领读誓词，一人读一句最后完成了这个宣誓，因为高中入党对这种仪式感还是比较弱的，第一次进行宣誓这种活动，印象也就非常深刻。后来我们入党答辩，老师都会带上党徽党旗，感觉就非常不一样，更正式，更重视了。整个参观过程中宣誓给我的印象是最深刻的。

S12：其实有些仪式教育的象征意义我们也没有很好地理解，就如学位服，很多同学并不知道不同颜色代表的含义，以及学位服的意义，甚至有时候还会穿错，只是作为毕业拍照必备的一种“道具”，它的象征意义和仪式感似乎被减弱了。

S9：象征意义？我好像不是太理解，似乎在仪式活动中，没有这种象征性的符号或者说很不明显，以至于我们都没有发现。可能包括校徽、党旗等符号，或者重大的典礼上着正装，似乎就只能想到这些了。

S16：比如我们在升国旗的时候，一定要脱帽敬礼，宣誓的时候一定要右手举拳放到耳边，它时刻提醒着你是其中的一分子，会给你一种归属感以及一种庄严的气氛。然而，有些思想政治教育仪式的象征意义不大或者并没有让参与者注意，并不理解它存在的意义。

S13：我觉得还是有缺失的，仔细回想一下参加开学、毕业典礼等仪式活动，可能仪式活动中是隐含着一些象征性的符号，但是由于不是太明显，很容易被忽略。如果能够发一些宣传手册介绍仪式象征性的意义，加强同学们对它的理解，效果可能会更好些。

受访学生给出的对思想政治教育仪式象征意义或者象征性符号的理解程度不尽相同，归纳起来大致可以分为以下三种：一是能够认识到仪式中哪些符号具有象征意义，如党徽、党旗、学位服等，也能够从这些象征性符号中获得其内涵的价值；二是因为仪式组织者或者参与者对思想政治教育仪式的认识不够、理解不深，一些仪式的象征意义不被理解或者被扭曲；三是仪式的象征性内容非常重要，能够更好地实现仪式存在的价值，也是思想政治教育仪式的目的所在。需要充分发挥象征性符号的作用，更好地服务内容，真正体现仪式的价值。

笔者在访谈中以学位授予仪式中的学位服为例，深入探讨了当前高校思想政治教育仪式中象征性符号缺失的问题。作为高校学位授予仪式中最重要的象征性符号，学位服事实上隐含着丰富的意蕴，具有深刻的象征意义。不同学位、不同学科的学位服从颜色、造型、配饰等设计上都具有细微的区别，而这些差异不仅代表着不同的含义，更有着深刻的教育意义。但学生真的了解这些意义吗？以下几个回答具有一定的代表性：

S2：我只知道不同学历层次的学位服颜色是不一样的，具体不清楚。

S5：学位服代表学位获得，代表可以走上社会，开始新的人生旅程吧。

S6：在拍毕业照时，有些同学的学位服颜色都错了，但他们不介意。所以，我认为学位服就是有些同学拍照时的必备服装，有点像道具。

S8：许多同学为了拍出创意的照片，会做出很多恶搞的动作，但其实毕业又是一项比较庄严的活动，就会有点奇怪。

学位服不是一般意义上的时装，它具有鲜明的目的性和象征性，具有很强的庄严性和隆重性。通过访谈，我们看到的是学位服原有的象征性功能丧失，应有的庄重性缺失。学位授予仪式是教育领域舶来品中的代表，虽然经历了多年的本土化改造，但其实并没有对其进行深入解析、重构，更没有将其与中国传统文化进行深度的融合，反而使其逐渐丧失了本应具有的神秘感和历史感，也削弱了其应当承担的社会使命和神圣职责。学位授予仪式通过对学生心理的作用，能够激发人们的求知欲望，满足人们对拥有知识的自我认可和对未来人生的期许，使人们具有获得感。作为学位授予仪式上的一种神圣的象征性符号，学位服必须在学位授予仪式这一特定时空中，并与其他象征性符号有机结合、相互配合才能体现其特殊意义，实现其价值；反之，如果离开了学位授予仪式这一特定的时空，那么学位服就失去了包含统一性的其他象征性符号的支撑，丧失了它应有的意义和功能，也就没有了存在的必要。

综上所述，高校思想政治教育仪式功能的实现是在特定时空场域，在仪式操演过程中，注重建构象征性符号体系，在象征意义的启发与引导下，激发参与者的情绪体验和情感表达，实现仪式的教化功能。保持高校思想政治教育仪式的神圣感，激发其感染性，必须有效使用最适宜的象征性符号，表达最恰当的象征意义，从而在给大学生体验仪式“美”的冲击时，也能发挥学生的积极性和内聚力，让学生体会到仪式的“神秘”，感受到集体的凝聚和价值的力量。当前，高校思想政治教育仪式在工具理性的指引下，去除了“神秘”的面纱，也就失去了应有的价值内涵和意义表达，从仪式的组织者到参与者，似乎都在共同配合中完成一项例行公事，纯粹为了完成任务而依据规定流程出席仪式并配合动作，对仪式的象征意义毫不关心，对仪式为何这样进行也并不理解，必然无法激起学生的兴趣，更加谈不上对学生的价值引领。

四、问题与启示：“认知”在“形式主义”下的价值迷失

马克思主义方法论的基本原则是从“客观存在的事实”出发，这种“事实”主要是指“最简单、最普通、最基本、最常见、最平凡的事实”。[①] 基于

① 列宁.列宁选集(第2卷)[M].中共中央马克思、恩格斯、列宁、斯大林著作编译局，编译.北京：人民出版社，2012.

对师生调研访谈的事实，虽然主流还是好的，但已经能明显感受到，青年大学生对思想政治教育仪式中的形式主义的反感，以及教育者对仪式中价值迷失的忧虑。实际上，仪式本身就是一种程序、一种形式，这是客观存在的事实，但仪式绝不能流于形式，更不能陷入“形式主义”的泥沼。何为形式？形式是事物表明自身存在不可或缺的方式和证明，一定的形式是所有事物的展现所必须依赖的。形式是中性的，而形式主义则是空洞且缺少实质性内容的表演，因此必须把形式和形式主义区分开来。形式主义否认形式与内容的有机统一，突出反映唯心主义世界观，体现形而上学的观点、方法和作风，片面追求形式而脱离实际。形式主义的特点是注重事物表象而忽略事物本质，注重表现形式而忽视实质内容，注重当前利益而忽视长远利益，徒有其表、空有形式，实则无实质内容。在形式主义的笼罩下，思想政治教育仪式的实质内容被形式所遮蔽，使人们难以把握仪式的精神实质和价值追求。形式主义背离了实事求是的思想路线，制约了事物的科学发展，是当前高校思想政治教育仪式难以有效发挥作用的根本问题所在。

高校仪式的“形式主义”问题相较于中国高校并不久远的历史显得尤为严重，发现和意识到仪式的重要意义，深刻认识到形式主义的现实危害，及时采取有效措施加以纠正，其本身就是一种进步。通过调查不难发现，高校思想政治教育仪式陷入形式主义泥潭主要有四个方面的原因。一是高校信仰教育的现实缺位与大学生自我价值期待的缺失。仪式在历史发展演化过程中，因其良好的教育作用逐渐成了高校制度的一部分，成了一种不断重复操演的程序，于是，为了规定而仪式成了主流，蕴藏在仪式中的象征意义，有关价值观念、崇高道德、做人准则等的信仰与追求逐渐失落。例如，在访谈中，S5 讲道：“我觉得学校肯定希望能够通过仪式传递思想政治教育的思想，但是实际上并没有起到真正的效果。相反，由于流于形式，还增强了同学们的逆反和厌恶心理。”二是功利性价值观的影响以及权力意识对高校的侵占，如S8谈到“学校在与企业、政府往来的过程中，忽视了仪式本身的思想政治教育功能，以及学生主体的感受”。三是公事化的例行操演和机械性操作，尤其是在操演不当的情况下形式主义更加严重。例如，访谈中讲到的升旗仪式中磁带卡壳、机器故障、衣衫不整、秩序混乱等，在一些重要仪式场合的讲话脱离教育对象这个主题，没有对教育对象的生活进行认识、体验和感悟。四是社会低俗文化对校园文化和思想政治教育仪式的侵蚀，如S3讲道：“有的仪式主持人为了活跃现场气氛，信口开河、行为举止不羁，学生们哄堂大笑之余，其实心里充满的是不屑。”以上种种让高校思想政治教育仪式变得虚假、显得乏味，对学生自主性、主动性产生压制，从而导致学生对教育的目标产生“误读”，高校思想政治教育仪式的价值迷失在形式主义的洪流中。

仪式从形式转向为“形式主义”，究其根源还是行政权力干预下的重形式、轻内涵。高校仪式的组织忽视了大学生的权利和积极作用，过度体现了行政权力和管理的强势与强制，陷入口头重视、行动忽视的口是心非中。由于过分强调秩序，教育者与受教育者之间难以进行平等的沟通。大学仪式活动渐渐沦为管理学生的手段和维护秩序的工具，虽然秩序得到了严格维护，但也失去了本应有的、重要的平等交流、对话时机。于是，仪式异化成了权威的单向灌输，不可避免导致大学生表面接受、虚假服从，大学生在仪式中的主体地位和功能变成了单纯的履行功能。

第二节　参与度：主体参与仪式的程度

我们当中的每一个人都或多或少地受着我们主要在其中活动的精神环境的影响。高校思想政治教育仪式能够提供一种精神环境，而且其效果主要是作用于大学生，大学生是仪式的主体。马克思主义认为，人类的一切活动都是人的主体在活动过程中产生和存在的，如果大学生不能有效参与，也就没有主体的参与，仪式失去了对象，仪式的教育效果就无从谈起，仪式也就没有了存在的必要和价值。主体参与仪式的程度就是“参与度”。考察主体参与度，主要考虑从仪式组织的角度来看，主体是主动参与的还是被动参与的；从在仪式中的地位看，主体是不可或缺的还是可有可无的；从个体感受情况看，主体是真实存在的还是程序性的工具。

一、参与主体的匿名抽象

弗洛姆认为，人们生活在一个法治化、制度化的社会中；为维持一个社会的存在，包括整体的稳定性和持续的发展性，社会成员之间必须具备一定的相似性，一定的同质性。因此，个人在制度中的地位会逐渐丧失，其鲜明化、具体化的个性人格会逐渐隐匿，匿名化、综合化的抽象人格会逐渐凸显出来。① 而稳定的社会制度因其对秩序的强调，让人成为制度的附属物，让同质化的社会人匿名化。由于学生群体高度的量大、质同，作为社会秩序的一部分，大学教育制度更强调统一和一致。因此，高校思想政治教育仪式中也就更容易出现个体被群体替代和淹没的状况，学生主体匿名化的现象更为凸显。学生有不同的身份，但作为高校思想政治教育仪式的主体，学生是以整体的身份出现的，他们在仪式情境和过程中的“个性在有意无意之间转化成了群性”。② 正如法国心理学家勒庞指出的那样：“构成这个群体的个人不管是谁，他们的生活方式、职业、性格或智力不管相同还是不同，他们变成了一个群体这个事实，便使他们获得了

---

① （美）埃里希·弗洛姆. 健全的社会[M]. 孙恺详，译. 贵阳：贵州人民出版社，1994.
② 王晋. 教育仪式的社会学分析[J]. 教育理论与实践，2010(10).

一种集体心理。”[①]这形成了正反两方面的影响：一方面趋同的群体容易产生共鸣，形成共识；另一方面由于个体淹没在群体中，缺乏个性，难以真正产生归属感，表面上的庄严与隆重所遮盖的是情感的游离与现实的缺位。仪式匿名化造成了主体“看客”般的感受，导致了仪式要素的“形式在场”。

高校思想政治教育仪式所处的是一个人数庞大、人群高度集中的环境，多以大型仪式的方式呈现。基于现代教育对理性与效率的重视，仪式的程序越来越追求简洁、追求经济效益。同时，由于仪式组织者和参与者在地位与权力上的不对等，以及行政体制对程序规范的过分强调，导致了仪式组织者和参与者间缺乏及时、有效的沟通，“匿名化”似乎也就成了理所当然。高校的许多仪式活动，比如，颁奖仪式涉及的学生很多，名单很长，于是在宣读名单时经常出现“某某某，等等”的状况，这就造成了匿名的“等等”成了现场在座大部分学生的代名词。如受访学生 S30 谈道：“参加表彰仪式时，虽然受了表彰还是觉得就是一个‘旁观者’。”S1 说：“排成一队一队的，轮流上台领证书，也就那么十几秒的时间吧，连个名字都没出现，没有意思。”再比如，毕业典礼上不仅名字不被提及，证书是被他人代领，或者即使是自己领的也可能是没有内容的“空壳”等。S28 说：“与我有什么关系呢？不过是去撑个场面，占个位置罢了，证书都是由班长代领的。”可见，看起来这样的“等等”节约了时间，但所带来的影响却很大，这会造成事实上对学生的“替代”和“淹没”，可能让学生理解为对自己的不尊重，从而对仪式失去兴趣，逐渐疏离，乃至厌恶。事实上，相比于因为在仪式上未被提到名字而带来的学生的情感体验和教育效果，宣读全部名单和一对一发放证书所耗费的时间是非常值得的。

① (法)古斯塔夫·勒庞. 乌合之众：大众心理研究[M]. 冯克利，译. 北京：中央编译出版社，2004.

高校思想政治教育仪式还有一种“匿名化”，就是学生自主选择权和被选择权的丧失。大部分情况下，高校管理者决定了仪式的参与对象，学生无权自主选择是否参与仪式，以及参与哪个仪式。由于各种条件限制，学校经常会选择部分学生代表参加某一仪式，这种选择经常是根据学生的特定身份进行的，要么是学生干部，要么是学生党员等，这种学生主体选择权利的失去同样造成了匿名化。

综上所述，主体匿名化是当前高校思想政治教育仪式中普遍存在的问题，也是受教育主体疏离仪式的重要原因，因此，提升主体参与度的一个重要手段就是让匿名者显性化。比如，在毕业典礼这样的重要时刻，邀请与个体相关的人员到场旁观，学生亲朋好友的在场，能够产生一种“剧场效应”，学生会因为这些特殊观众的到来情绪更加亢奋，体验更加深刻，对母校产生更深的留恋，对家庭产生更深的感情，对社会制度产生更高的认同，形成更加美好而永久的记忆。或者还可以通过某种形式彰显主体的存在，将学生主体呈现在众人面前，让本来匿名的个体在一定程度上成为仪式关注的焦点。如受访教师 T8 谈道：“在校庆纪念仪式中，通过收集并展示全体学生的笑脸，让每一个学生都觉得自己参与到了仪式中，从而提升学生的感受度，增强学生们对学校的归属感。”

二、参与主体的被动扭曲

被动与主动相对，多指受外力推动而动或受他人的影响或牵制而发生行动，因此被动往往就会形成不利的局面。从高校思想政治教育仪式感染性本身的要求出发，仪式的目标群体是青年大学生，当然希望学生能够主动参与、倾情投入、收获满满。但在访谈中，当提及参与仪式的原因时，受访学生提到最多的词汇就是“被动”“被参与”“被安排”，等等。调查结果表明，当前高校思想政治教育仪式更多地被行政所主导，学生常常处于被动地位，难以调动学生的积极性，更谈不上发挥学生的创造性。这也引起了我们的极大关注，以下是相关访谈的代表性内容：

S12：经常是被要求出席。就比如说有一些活动，什么党员必须出席，或者谁必须出席。那对于参与者来说，这一项活动说白点就是没有吸引力的，多半是被迫参与。既然被迫参与，可能就会觉得这项活动挺浪费时间的，就很难从这个活动中真正得到或者是接受到某些教育。

S20：主动参与本身积极性就是较高的，被动参与就是“混一下”的心态。参与度不高的话，可能大家本身就不感兴趣，也可能是自己还有别的事要忙。

S27：学校要求必须出席那就去呗，同学都去了我也得去。

S7：一般都是被动参与仪式教育。我们目前接触到的仪式教育，不免有些枯燥乏味。可能你去了接收到的信息并不是很多，而且并不是很有用。

S4：如果参与者是全身心投入去准备的话，肯定会对这种东西(仪式)理解得更充分一些。如果只是做一些表面的功夫，就达不到这种意义。主动参加和被动参加，我说不太清楚，因为就是上面下达一个任务，我们都会积极响应的。

以上的调研充分说明了当前高校思想政治教育仪式的组织现状，在对教师的访谈中也验证了这一情况，如受访教师 T2 也谈道：“确实现在‘派场子’‘摊派’‘分名额’的现象比较严重，有时就是按照学院人数比例分配的座位，由辅导员一个个去落实到学生。”T5 更是直言不讳地说：“学生有时就是被‘拉郎配’吧，领导有要求，场面要好看，最后只能用学生填空。”从对教师的访谈中可以看出，这种“被动”的产生主要是由几方面原因造成的：一是仪式本身的需要。有些仪式确实对学生有很好的教育意义，需要学生参加，如 T7 谈道：“组织仪式为了什么？当然是为了教育学生，没有学生参加，或者几个学生参加，仪式还有什么意义。”二是场面和面子的需要，中国人传统上习惯于搞“大排场”，觉得有人参加、有更多的人参加才更有面子，场面才更好看，如 T1 谈道：“仪式活动必须有人参加啊，而且只有人多才能体现仪式的重大和隆重吧，所以经常会要求组织学生参加各种可能和他们没有关系的仪式。”三是现实和工作需要，当代大学生特点决定了其不愿意主动去参加一些看起来和自己无关或者自己不感兴趣的活动，为了对学生开展教育，只能通过“被安排”的方式开展工作，如 T10 谈道：“没办法啊，好好的一场活动，不组织不要求，学生就不参加，他们宁可宅在房间里玩手机。”

另一方面，通过对受访学生的调研和比较，我们发现作为仪式组织者主动参与所获得的成就感往往更多，而被动参与者的体验和收获就很可能微乎其微，由此可见主动与被动的感染效果和育人成效差别是巨大的，代表性观点如下：

S1：我觉得相比较而言，组织者可能认同感会更强一些。如果是一个大型的活动，组织者可能提前一两个月一直在忙这个任务，一直在想怎么样才能在活动中加入仪式感的东西在里头，在这个过程当中组织者是不断地在接受，并且超越了仪式本身的一些思想政治的教育。参与者的话在一定的时间内感受会比较强一些，但随着时间，它会有一定的减弱。比如说我办一个五四的表彰会，我可能会想，在这个过程中怎么向大家传递出正能量的东西。但是我只是参会的话就只能说获奖者的事迹，给了我一个什么样的感受。

S5：组织一个仪式和参与一个仪式完全不一样。参与的活动不会记得太清楚，但是组织的活动会记得很清楚。一般大型的仪式都是非自愿参与的，觉得这样的仪式很重要，我也应该参加就参加了。首先肯定是组织者的印象会深刻一些，参与者的印象可能不会那么深。组织者收获的更多，参与者付出的比较少，所以收获的也比较少，旁观者的收获就更少了。

S11：比如说组织者，可能在这方面的责任感更强一点。然后参与者的话，既然能够主动参与进来，就说明对于这方面的认识是不够的，但是热情还是有的。就是没有认识到我要去做这样的事情，但是如果有人提出来了，那么他也会去做，有热情，但是认识不如组织者这方面强。

S6：参与进去的话，印象会更深刻一些，收获也更多一些，体验感也更强一些。我感觉组织者就多了一份责任感吧，你会想让这个活动得到别人的认同。参与者就会轻松一些，更能单纯地去看这个活动。因为组织者没有办法评价这个活动好不好，而参与者就可以评价。组织者就要对活动效果有一个更深的考虑，参与者只要单纯地去感受，并且给予一定的反馈就可以了。

S10：如果是被动参与的话，那么他有可能就从主观上去排斥这个活动。这样的话，他肯定在参与完这个活动之后得到的体验或者是收获可能都是微乎其微的。但还有一部分人，就是他虽然是被强制参与了这些活动，他也会主动地从这个活动当中寻找，看看他有没有什么能够主动去参与这个活动，看自己能不能从这个活动当中得到一些启发也好，经验也好，如果是后者这种人的话，那么他的参与体验或者说是获得感和那些主动去参加的同学应该会差不多。

综上，主体的“被动”参与是当前高校思想政治教育仪式较为普遍存在的现象，有其产生的必然：既有思想政治教育“灌输”和“引导”的客观需要，也有高校教育者的思维定式、组织习惯、现实要求的原因，还有学生群体独立性强、自主性强的个性原因，再加上市场经济、网络化、新媒体的影响等。但无论何种原因，“被动化”对仪式感染性的作用发挥都是不利的，即使有部分“被动”参加仪式的学生最后能够转化为主动地参与，也改变不了“被动化”减弱甚至扭曲了仪式教育效果的事实。“大学生越来越不愿意自己处在行为客体的位置而被动、机械地接受教育者的旨意，而是希望能将自己的需要、目标及行动内在地统一起来，以表现出自己在行为过程中的能动性和创造性，发挥主体作用。”①因此，必须改变传统上的教育者高高在上的教育观念，必须肯定学生的主体性作用，平等对待大学生，尊重大学生的主体地位。如何将思想政治教育仪式从主体的被动参与转向主动实践是作为高校教育者需要思考和解决的现实问题。

三、参与主体的工具属性

高校思想政治教育仪式的主体归根结底还是大学生。它通过尊重大学生的权利，充分保障学生的利益，维护学生的情感体验，在仪式的过程中实现有效而及时的互动与交流，从而引导学生形成正确的价值观。作为仪式主体的“存在感”能够有效增强学生参与仪式的积极性和主动性，体验到参与仪式的过程，体会到仪式背后意义的真实存在。但目前思想政治教育仪式作为高等教育的制度化安排，更多地被学校行政所主导，学生主体被要求统一思想、统一行动，“在仪式活动中人们被要求做同样的事情，紧密配合保持协调一致，高度的统一性使人产生非理性服从和从众行为”。这样的统一性极易造成的后果是：“在形态上简化为具体可操作的精细的程序，在人际关系上从双向交流简化为单向的灌输，在功能上简化为统一思想的制度性工具。”②简单来说，很多时候，仪式就是为领导举办的，座位、灯光、摄像机都聚焦在领导的身上，学生好像就是群众演员，或者说是仪式的“道具”和“工具”。这种工具化的感觉进一步加重了学生“被”的感受，显然不利于仪式参与度的达成。受访学生代表性言论如下：

① 张耀灿，郑永廷，吴潜涛，等. 现代思想政治教育学[M]. 北京：人民出版社，2006.
② 倪辉. 仪式文化在道德教育中的误解与缺失[J]. 南京晓庄学院学报，2015(3).

S3：我只是履行这样的义务去参与一个活动。对这个活动意义的理解不是那么深刻，觉得只是一个任务，或者说我们只是一件工具吧。

S30：辅导员叫参加，就给她个面子呗！反正坐在那里不过是个道具，自己玩手机就是了。

S4：有的时候可能是上级有要求，必须参加。一个人身份的不同也会有不同的影响，党员可能会因为自己的身份，而更愿意参加这类活动。

S8：学校的那种要求肯定也是有的，大家就会说这是要求的，去参加一下会怎么样？

事实上，主体“工具化”还有一个很重要的体现，高校仪式活动中通常把参与者的行为事先固化并操演，要求学生必须遵循预设的流程、规定的言行，几乎囊括主体在仪式中的一切，如位置、衣着、语言、动作等，而且很多时候这些都是事先排练和预演过的，在仪式过程中，学生们更多的是按部就班地展演与配合。作为受教育主体的学生，其个性在群体氛围的压力下逐渐丧失，道具感和工具化更加突出。受访教师 T5 的话验证了这一说法：“为了仪式达到好的效果，很多时候是要彩排的，上台学生的服装、上台顺序、行走路线、站位、动作等，都要规定好，并事先排练。”而 T7 的话则表明了教育者的担忧：“有时候学生对于形式化的安排，规定的动作，甚至有些重要环节还要彩排是很反感和抵触的，这一代学生是很容易叛逆的。”对于这个问题，受访学生的代表性观点如下：

S1：去还是要去的，按老师的要求走走过场吧。

S26：现在学校的仪式越来越规范了，经常是提前好长时间精心筹备，场面也很好看，就是太烦琐了，如果要上台的话，可能要提前一两天进行排练，很浪费时间。

S25：很多仪式都有座位安排的，要按照指定座位去坐，大概是怕我们跑了吧，相当于上课点名了。

S13：跟对待小孩子一样对待我们，穿什么衣服、什么鞋都要规定一番，还要排队进场。

当代大学生更加追求自我价值的实现，崇尚自立自强，喜欢自主决策、自我支配，比以往任何时候更加在意自身的存在感。同时，受到生活条件改善、信息时代浪潮和市场经济发展的大环境影响，大学生们更加喜欢质疑，也就比以往任何时候都更加容易对仪式的必要性提出“怀疑”，更加容易对参与仪式过程中的“工具化”产生“叛逆”，这种叛逆在仪式的一次次不断重复中“觉醒”。对于这一点上述受访教师 T7 和受访学生 S30、S4、S13 的话都很有代表性。还有几个受访学生的代表性谈话如下：

S16：我们有自己的评价标准，喜欢的就好好地参加，不喜欢的就我行我素呗。主观来说的话，学生有没有时间参与，这个活动有没有趣，占用的时间的长短，学生自己有一个价值评估。

S5：我觉得可能还是重视不够，与一个人对这项活动的关注度有关。有时候我们这一代人有一点急功近利，比较浮躁。没有看到真正的内在意义。有的东西以前已经学过了，所以现在讲的时候可能会不太重视。对他有没有用就有一个比较片面的判断，所以导致我们并没有很大的热情去学习。

S12：我觉得同学们更喜欢感兴趣的东西吧，不感兴趣的都不愿意参加。

综上所述，高校管理者相对于学生而言具有权力的资本优势，更能够表达自己的意愿，经常会遵照自己的意愿组织和开展仪式活动，而较少考虑和兼顾学生的诉求，久而久之，仪式演化为了一种手段、一种操演，而学生则极易沦为仪式操演的工具（道具）。这样的仪式形成了单向的权力运作，忽视了学生的主体性存在，容易造成学生的群体沉默、个体叛逆，乃至群体觉醒，既不利于高校思想政治教育仪式的实际运作，更不利于对学生的教育和引导。同时，随着青年大学生自主性意识的提高，其怀疑精神日益觉醒，学生对于行政权力主导的仪式越来越失去信任，隐匿在合作下的“叛逆”让他们从内心到行动都更加疏离于仪式。这样缺少主体主动参与和情感共鸣的仪式不可能得到学生群体的价值认同，反而容易引起学生对行政权力单向灌输的不满，进而产生个体叛逆。学生可能根本就是出于对学校权力的敬畏，而不得不维护着连自己都不相信的行为准则，“如果个体在他人面前维持一种连自己也不相信的表演，就会体验到一种特殊的自我异化对他人产生某种特殊的戒心”①。失去了学生主体的积极和有效参与，仪式形式的完美就再也无法遮蔽其虚伪的表演。

四、问题与启示：参与主体的缺位与疏离

高校思想政治教育仪式的举行离不开主体的参与，主体参与的情况在一定程度上决定了仪式感染性的强弱，可见，主体参与情况是衡量仪式效果的重要指标。调查发现，值得我们注意和思考的是，当前高校思想政治教育仪式往往更重视的是仪式程序和现场管理的规范性等外在形式，而忽视大学生作为参与主体的情感体验和接受程度，学生的主体地位被剥夺，没有充分调动起学生的情绪，发挥学生的积极性，让学生全身心真正投入到仪式活动中去，从而形成了从主体参与的组织形式看是“被动化”，从主体的现实地位看是“匿名化”，从主体的主观感受看是“工具化”，参与主体在仪式中出现了的现实缺位与情感疏离。

---

① （美）欧文·戈夫曼. 日常生活中的自我呈现[M]. 冯钢，译. 北京：北京大学出版社，2008.

大学仪式作为一个制度化的活动，充斥着不同群体的权力表达，其核心是表达组织者的权利还是表达参与者的权力？当前高校仪式“身在曹营心在汉”的现象比比皆是，大学生在个体的个性和群体的共性中苦苦挣扎、艰难调试，逐渐发展成为冷漠对待和看客式的疏离。于是，没有学生积极参与的大学仪式就像没有观众的戏剧，注定会流于形式主义。大学生参与度低的问题主要表现在参与数量和参与质量两个方面，一方面有些学生认为仪式活动与自己无关，参加就是浪费时间，索性根本就不去参加；另一方面有些学生虽然参加了仪式活动，但身在心不在，没有真正投入到仪式中去，真正感受和融入仪式的氛围。这些大学生参与度的问题同样都会产生教育资源的浪费，导致仪式教育效果差的恶性循环。

在访谈中，当被问及影响大学生仪式参与度的主要因素时，受访学生还提到了主题的设计、组织者的水平，以及仪式的频次等，代表性的观点如下：

S6：首先我觉得主题很重要，活动的主题能否提起同学们的兴趣，如果没有兴趣，就不是很愿意参加。其他的包括宣传的方式。如果以一种很符合年轻人的方式宣传的话，感觉参与者会多一些。

S7：组织者的水平。如果请来有名的人来做讲座的话，同学们可能更喜欢去。还有活动的新颖度。如果要传达一定的主题，经常用一种形式的话，同学就不会有太多的关注。

S8：参与者其实主要就是人家为你办好了活动，然后你来参与，让这个活动能够顺利进行。但是组织者的话，你就要考虑到各方面的因素，从前期的准备到活动举行，然后到最后的结尾你都要考虑进去。你可能做的会比参与者更多，你要去满足参与者的一种需求，要适应，也要完成自己的工作任务。

S3：频次算一个。一个学期内或者一个年度内有一个合理的频次比较好，如果过于密集的话不会太好。还有一个活动形式。教育者表达的内容是固定的，如果通过一个有趣的形式表演的话，可能会更好。还有一个是需要大家进行一个交流和反馈。就是参加这个活动之后，要组织大家对这个活动进行反馈。听取大家的建议，这样会比较好。

S9：活动太频繁，有些具有强制性，时间冲突。

S10：形式上的创意，主讲人和内容的吸引力。

S11：内容的趣味性，活动的时间、地点的选取。个人因素就是个人对政治的关心程度。

事实上，我国的思想政治教育仪式活动有很多成功的案例，比如上海世博会志愿者各项仪式、汶川大地震后全国性哀悼仪式、国庆阅兵仪式等，都极大地弘扬了民族精神，凝聚了民心与力量，给以青年大学生为主体的高校思想政治教育仪式提供了范例。这些仪式能够取得成功很重要的原因就是：参与者的积极性被调动起来，热烈响应并主动参与到活动中，同时通过微博、微信等网络互动彰显了个体的存在，体现了主体的存在感。但是，部分常规的高校思想政治教育仪式背后显示出的“形在神不在”，以及教育效果的苍白无力也同样堪忧，这些问题的出现，已经不是简单的偶然，必须加以重视。我们必须认识到，高校思想政治教育仪式运作的关键在于通过一定规范的组织化程序，实现增强大学生思想道德、价值认同和行为规范的终极目标。可见，学生真正成为仪式主体的重要意义，学生的参与度一定意义上决定了“终极目的”的实现程度。因此，正确认识仪式主体参与的重要性，关注青年大学生的个体感受，构建能够充分发挥学生主体作用、提升仪式感染性的高校思想政治教育仪式体系，对于增强青年大学生群体的仪式感，激发大学生的情感共鸣和价值认同具有非常重要的理论意义和实践价值。

第三节 感染度：仪式教育主体的被感染程度

高校思想政治教育仪式所达到感染人的程度简称为“感染度”。从前面的研究中可以看到，感染既包括主体通过感官获得形成的感性认识，也包括主体在实践过程中的体验、内心的体悟、思想的变化形成的理性认识。研究感染度，也就是研究主体在仪式中所获得的情感体验如何，以及这种体验是否积淀为自己的思想认识，并最终演化为自觉的践行。其实，思想政治教育仪式的最终目标就是要“内化于心，外化于行”。实现这个最终目标，可以分两步走：第一步就是要让学生“情感皈依”，皈依到仪式所蕴含的价值上来；第二步就是要让学生“情感升华”，升华到对仪式所蕴含价值的理性认同上来，从而最终在理性认同的基础上，实现对仪式所蕴含价值的践行。

一、理性设计下的情感皈依困境

高校思想政治教育仪式既具有理性设计要求的客观性，又具有情感传递表达的主观性，是主客观的统一，理应在客观理性的设计下实现主观的情感皈依。主体的情感体验是我们理解和建构高校思想政治教育仪式的基础，如果失去了情感体验，仪式也就不可能抵达学生的心灵，触及学生的灵魂，也就无法达成真正的价值体验和认同。因此，仪式设计必须从价值内涵出发，从视觉、听觉和触觉等感官刺激上给学生带来的情绪感受和情感体验入手，理性设计仪式情境，丰富象征符号，激发学生情感，发挥学生主体作用，让学生更多地体验到自身的存在感，使得理性化机械操演的仪式活动更加多姿多彩、有血有肉，达到事半功倍的效果。尽管人的情感丰富多彩、各有不同，难以直接传递和表达，而且人的情感体验是主观的，但人是社会的人，具有共同的逻辑准则，相似的情感皈依，所以仍然可以实现情感交流，这是人们情感互通的基础，也为仪式感染性提供了心理基础。

高校管理者在仪式组织的过程中，总是希望按照一定的理性规约进行设计和行动，然而这种理性规约本身就是有局限性的，同时仪式行动又是实践的，于是高校管理者会想方设法通过形式上的制度去规范和约束学生的行为，从而不可避免地出现了仪式行动的问题。具体到思想政治教育仪式的特定场域中，仪式通过理性规约设定的时空、言行、道具、布局和程序安排等因素，围绕主题形成一个理想设计中的巨大"情绪域场"，这种域场通过视听等感官使参与主体获得迅速而形象的刺激，情绪被激发、心灵被触动，获得强烈的情绪感受和深刻的情感体验。正如盛况所描述的那样，"仪式活动具有表演性的特征，通过运用灯光、背景、誓词、音乐、场地等综合因素，从听觉、视觉等各个方面影响学生。在这个特定的情境中，学生的感官、思维得到全面调动，学生的心理、情感更容易进入状态"①。但这种"情绪域场"并非仪式天生就有的，需要组织者精心地设计出来，然后通过一定形式的制度加以固定。于是问题产生了，这样的理性设计、形式要求，学生们是否"买账"？能够实现学生的情感皈依吗？对此学生们有自己的理解，受访学生代表性的论点如下：

Q：你在仪式中会有情感上的触动？心理上的良好体验吗？

S3：触动较少，体验一般吧。很多仪式性的活动，容易被理解成形式化的活动或是任务，应付比较多，难以全情投入。我觉得，如果真正参与了的话，还是有些感触的，只是感触的多少很难讲。如果个人比较有思想

① 盛况．试论大学校园仪式的德育价值[J]．黑龙江教育(高教研究与评估)，2014(8)．

觉悟，还是能感受到一些东西的。

S7：比如观看阅兵和升国旗，自觉不自觉就会增强爱国情怀。开学典礼的同学讲话，或是去参加某些颁奖仪式，应该会让人更加努力。

对学生的调研结果总体上与S3的表述类似，表明高校思想政治教育仪式给予学生的情感体验并不理想，与我们的期待还有很大差距。但在对教师的访谈中，我们惊喜地发现，对于思想政治教育仪式的理性设计和对学生情感的关注已经有了共识。要做好一个仪式活动，首先需要主办者精心设计，否则如果只是为了应付交差，就很难会有好的效果。如受访教师T3谈道："所以仪式教育一定是要被设计的，但进行设计的话，应该经过一定的研究和调研，除非自己非常了解，这是一种。第二种的话就是在这个过程当中听取不同层面的不同意见，因为重要的是要感染学生，那么也要让学生共同参与仪式设计，不是拍脑袋一想这样挺好的就结束了。"T8谈道："每年都要组织很多的各种仪式活动，有些是常规的仪式，基本就是按往年的做法，再做一遍；有些特别重要的仪式，则是要花工夫认真地设计，每次都要想一些创新的环节，希望能够更加吸引学生，产生更好的效果。"其次是规范的仪式才能得到好的情感体验。思想政治教育仪式对思想政治教育的目的、效果具有巨大的推动作用。但是，如果思想政治教育仪式不按照一定的规范来操作，就会流于形式，最终无法达到教育的目的和效果，因此思想政治教育仪式必须有明确的规范和要求，从而增进教育的效果。T1谈道："常规的仪式常规做，创新的仪式用心做。但无论哪种仪式都一定要规范程序，严格管理，不能草草了之，因为那样只会让学生反感，不但起不到教育效果，还很可能起到反作用。"根据主题的需要，分割细化不同的小的主题，制定仪式过程规范、内容规范，维护仪式的神圣性和严肃性，有助于提升仪式的感染性，增强学生的情感认同，达到仪式应有的教育效果。

综上所述，思想政治教育仪式是一种组织行为，有其既定的目标、确定的对象和规范的程序，也就必然有着理性设计的要求。仪式要发挥思想政治教育功能，实现真正的价值认同，必须诉诸情感，抵达学生的心灵深处。现实中大学生的受教育者身份决定了其权力资本的不足，缺少应有的话语权，难以在仪式的理性设计中发挥作用，学生所需要的情感体验容易在行政权力和制度约束的笼罩下失去存在空间。虽然高校组织者已经在一定程度上关注到有些仪式制度的不合理，并试图通过对学生的意见征询，通过仪式形式的创新，提升学生的情感体验，但限于制度的安排和现实的要求，这一问题还没有很好地得到解决。于是，制度的安排与强制执行难免会导致仪式主体的角色缺失，学生参与的主动性和积极性受到限制，难以产生情感的共鸣，最终造成和谐表面下的情感抵触、冲突与背离。这样的仪式仅仅为仪式而举行，为制度而执行，既没能塑造良好的文化氛围，也没有给学生带来情感的体验和精神的享受，将失去其应有的教育意义。总之，仪式不仅需要规范的秩序和热烈的掌声，更需要学生情绪的宣泄、情感的体验和价值的认同，只有在理性设计下实现学生情感皈依的仪式才是我们真正需要的、有价值和意义的仪式。

二、感性实践中的情感升华难题

高校思想政治教育仪式的目的是立德树人，是对大学生进行社会主义核心价值观教育，所有仪式行动最终的要求一定是要将仪式蕴含的教育内容转化为学生的思想认识，并进一步成为行动的指引。但仪式是一种感性的实践，是一种高度依赖于感性认识与接受的实践活动。大学生在仪式现场即时的感知、感受是短暂的，甚至是瞬时的，不是一下子进入内心，进而成为影响学生行为的理性认知的，在这种感性实践中要实现情感的升华需要一个强化过程或者是一场“顿悟式”的体验。因此，是否能够实现这一在感性实践中的情感升华是衡量仪式成功与否的根本标准。

这一点其实许多教育者都已经关注到，并在积极践行，但由于仪式的复杂性、心理过程的抽象性和现实的可操作性等问题，要真正实现这一升华还存在很多的瓶颈和困难。比如受访教师 T4 谈道："应该把每一项仪式程序都赋予特殊意义，让学生不断地受到同向的价值冲击，强化学生的情感认同。有时候搞仪式我们常规性地做一下就结束了，其实我们每一次做这活动，都要考虑怎样赋予它新的内涵，让学生觉得他受到了感染，理念得到了升华。"但在现实中，学生的感受是如何的呢？对这一问题，受访学生有着不同的体会，代表性观点如下：

Q：你觉得参加仪式活动对你的思想、行为等是否有所改变或影响？

S1：思想的层面相比较而言会有一定的不一样，会考虑一些东西。看问题的一些角度，可能会有一定的不同。

S27：就像开学典礼，当时印象还是有的吧，就是时间长了很多东西也就忘了，要说对自己有啥影响，我就说不清楚了。更不会从思想上渗透到行动上去吧。

S12：可能会有一点短暂的感触。比如像我们这些文科学生，很多人都会说因为理工科读不好去读文科，或者是怎么样，但是通过开学典礼等活动，一些老师的话很有启发。

S23：有一点改变。参加了入党宣誓之后，明确自己党员的身份，会对自己的要求更加严格。

S19：比如入党答辩，假如入党的人不是我，而是其他同学，那我去了以后，可以拿入党的同学跟自己对比，严格要求自己跟他们一样。自己学习不能懒惰。

S11：首先改变的就是思想认识上，以前的时候的确想入党，但是感觉看了入党宣誓以后更想入党。这是一个方面，还有一个就是平时参与活动，少了一些功利性，更多的是去明白当中的意义。

访谈的结果表明，学生对于仪式对自身思想及行为的影响是有一定认识和感受的，但这种认识更多地浮于表面，不够深刻。也就是说只达到了情感体验的程度或者是有一定的情感皈依，但这种情感尚未真正深入内心，成为一种理性认识。这表明当前高校思想政治教育仪式还主要停留在第一步的“情感皈依”阶段，如何提升学生的情感认同，挖掘仪式的深刻教育意义，真正感染学生，还需要花大力气。对此，访谈中许多师生也谈到了一些很好的办法，比如，特殊时间节点的选择、特定空间位置的安排、特别情境的选择和布置，最大化的融入能够凸显仪式目的的时机、地点和情境，有利于参与者对仪式意义的联想，结合仪式的程序性表达，让参与者有最快的体验、最真的感受和最深的触动。也可以运用高校思想政治教育仪式周期规律和重复性的特点，改变简单机械的重复，根据每次仪式的现实背景，设定层层递进的深刻精神内涵，实现仪式文化的底蕴积淀和与时俱进。如受访学生 S10 谈道：“影响不是一次两次的，而是日积月累的。参加完一个活动，跟同学聊天的时候，遇到一些话题，我可以主动地向自己参与过的那个活动方向引导。把活动对自己的思想的影响转化到行动上。我成为党员后，更主动地关注了当下的时事，听新闻联播，关注热点。”S13：“升旗仪式。不仅是上了大学之后会参加这样的仪式，而是从小学就开始的，从小学初中高中一直以来，它是贯穿在我们的学生生涯当中的，虽然不是每天每周都会重复的一个活动。但对我们的影响是那种持续的，所以会比较深刻。”受访教师 T7 也谈道：“升国旗、奏唱国歌，不断重复就是为了潜移默化地将爱国主义融入学生的心灵，成为其血脉中的自觉。”

此外，很多受访者都谈到了“互动”，指出互动是加深情感，提升感染度的好办法。受访教师 T2 谈道：“仪式应该多设置一些互动环节，能够让学生更加投入，更加积极，也就能够使他受到更深刻的教育。”T1 谈道：“比如表彰典礼上加入一些交流的环节，让参会的学生互相交流经验，分享体会，既提升了获奖学生的荣誉感，也让未获奖的学生能够参与其中，在过程中受到启发。这样参会学生都能够受益，而且能够印象深刻。”对此，柯林斯在《互动仪式链》一书中指出：“现实生活中的多数现象，都是通过互动仪式形成和维持的。仪式是人们各类行为姿势相对定型化的结果，例如，会话是一种仪式，因为人们有着共同关注的话题，并且创造了一种会话的实在，具有共同的情感。”①柯林斯认为相互关注和情感连带是互动仪式链的核心，仪式使人们通过身体和心灵交流达到协调，产生群体团结，获得相应的身份和情感的认同。仪式互动中的情感不是我们通常所讲的个体的、短暂的、暂时的情绪，而是一种长时间的情感能量。这种情感能量是一个连续的系统，从高端的自我感觉良好、自信和热情，到中间平淡的常态，再到低端消极的自我感觉、消沉、被动。② 人们往往是会因为短暂的情绪刺激和情感体验而参加仪式活动，在仪式的互动中形成短期的集体兴奋效应，并在互动中不断加深这种刺激和体验，于是这种短暂的情感持续被强化和不断累积，并因仪式的象征性符号的作用形成共同关注的焦点，进而产生长期的情感能量，最终实现从情感皈依到情感升华的过渡。

另外，通过仪式前的宣传动员和仪式后的延伸传播，可以在时间上延长仪式的影响，在空间上扩大仪式的场域，从而在一定程度上实现仪式感染度的提升，加深仪式情感的积淀和升华。通过仪式前的宣传动员，一方面可以吸引更多的参与者参加活动，另一方面更主要的是可以吸引一些对仪式本身具有兴趣的学生主动参加活动，从而避免和有效减少“被动”化问题的产生，同时，让学生事先了解仪式的背景、内涵、意义等，有助于学生更好地参与到仪式中去，更好地理解仪式背后所蕴含的价值和教育意义。在仪式后的延伸传播过程中，一方面通过传播将仪式参与者范围

---

① （美）兰德尔·柯林斯．互动仪式链［M］．林聚任，王鹏，宋丽君，译．北京：商务印书馆，2009．

② （美）兰德尔·柯林斯．互动仪式链［M］．林聚任，王鹏，宋丽君，译．北京：商务印书馆，2009．

从现场扩大到更广阔的空间，让更多的人从另外的角度关注和感受仪式的价值内涵，扩大仪式的影响力；另一方面让仪式的参与者能够不断回味仪式的过程，深刻体会和感知仪式的价值，并结合自身的经历经验、价值观念、行为准则等，理解和内化仪式所蕴含的价值意义，巩固和升华仪式现场的情感体验。如受访教师 T9 谈道："很多时候我们不能怪学生不来参加仪式，因为我们事先的宣传可能没有到位，没有真正吸引到学生。其实很多很好的活动如果学生了解了，一定会感兴趣主动参与的，所以，提前宣传、提前发动是很重要的。"T6 谈道："有些仪式活动举行得很好，但结束后可能发个新闻稿就结束了，其实我们应该注重挖掘仪式的再教育功能，加强仪式的延伸传播，通过广播、电视、微博、微信等各类媒体加强对仪式的宣传和解读，一方面让参与仪式的学生加深印象，提高感受度；另一方面就是扩大受益面，让没有参加仪式的学生也能受到教育，以后再有类似的仪式，他们也就能够积极参与了。"受访学生 S19 也谈道："在宣传的时候，把活动的内容说得更具体一些，因为参与的同学都对活动不了解，又哪里会有兴趣呢？最好让参与者前期对活动的流程和细节有一个更好的把控。包括仪式结束后，如果没有得到及时的巩固，那么也很快就会忘记。如果能留下一些记录的材料或者得到反复的强化，我想效果会更好。"

三、问题与启示：感染效果的现实失落

人作为对象性的、感性的存在物，是一个受动的存在物；因为它感到自己是受动的，所以是一个有激情的存在物，激情、热情是人强烈追求自己对象的本质力量。人不仅用思维，而且用全部情感向自己证明对象世界。① 如果说思维是人的灵魂，那么情感就是人的血肉。情感是个体心

① 马克思，恩格斯. 马克思恩格斯全集(第 42 卷)[M]. 中共中央马克思、恩格斯、列宁、斯大林著作编译局，译. 北京：人民出版社，2006.

性价值世界的基础，是个体确立道德价值信仰的前提，是个体整个精神价值追求的内在驱动力。[①] 失去了情感基础，也就不可能有人们对价值和真理的追求。高校思想政治教育仪式需要通过对学生的情绪感染和情感体验，实现其情感对仪式价值的皈依，进而使其情感达到理性的升华，最终实现这种情感对学生言行的指引。但高校思想政治教育仪式是一种制度的安排，自然也是一种理性的设计，在理性的制度框架内，仪式的组织通常并不是以最大化地满足大多数学生的情感需要和利益为原则，而是以具有明显价值倾向的组织者满意为原则的。访谈中，我们发现虽然教育者追求着让学生“满意”“受益”，但现实中却没有真正按照这一目标和要求前行，由于思想政治教育仪式高度的象征意义和经年不变的模式已经简化到让学生难以热爱、难以想象、难以满意了，于是乎就造成了仪式育人效果的现实失落。当前，部分高校教育者和青年大学生对西方体现个人价值和主体自由的仪式推崇备至，但又难以真正实现其“中国化”，真正将其与我国的文化背景和社会现实相融合，无法达到预期的育人效果。还有一些地方和学校借“复兴国学”之名大肆开展所谓的祭天祭孔祭祖仪式，隐藏在这些仪式背后的其实更多的是利益，是商业炒作的经济利益，根本上已经脱离思想政治教育仪式的本质内涵。

高校思想政治教育仪式通常是以大学逻辑展开的，是一种理性的建构，而仪式的实践与大学生情感的认同，必须融入更多感性的想象与直觉的冲击，突破现有高校仪式“去教育化”的藩篱，弥补仪式感染度的不足。“感人心者，莫先乎情”，教育的艺术不在于传授的本领，而在于激励、唤醒和鼓舞。[②] 思想政治教育用以感染学生的方法本身就是教育的艺术，既是认知、情感和意志的根本体现，也离不开艺术的想象和直觉，借助充满想象和感性的艺术化手段，使人的知、情、意和谐发展，成为既合乎感性又

① 杨立英. 现代公民道德教育的方法论思考[J]. 思想理论教育导刊，2004(10).
② (德) 第斯多惠. 德国教师培养指南[M]. 袁一安，译. 北京：人民教育出版社，1990.

合乎理性的情感自觉。在思想政治教育仪式过程中，教育者满怀真情地关心、爱护、体贴、帮助学生，以至于所传递的信息和内容都带着真挚的感情，会使思想政治教育仪式蕴含的价值不再那么遥远，不再枯燥而富有感染性，也会使学生发自心底地敬爱教育者，相信教育者所传递的情感及其蕴含的价值观。

第四章 思想政治教育仪式感染性的本质规定

思想政治教育仪式感染性是笔者开展研究的概念工具，也是本书的核心内容，阐释和界定这一概念的内涵是笔者进行研究的主要任务。要研究思想政治教育仪式感染性，首先必须搞清它的本质。本质是事物“是其所是”与存在发展的根本特质和内在依据，通过各种概念范畴认识和把握事物的本质规定，是人们将自我同自然界或“野蛮人”区分开来的“梯级”。[①] 深刻认识和准确把握思想政治教育仪式及其感染性的本质规定，需要系统梳理与其密切相关的多学科理论，系统总结和创新提出相关概念，厘清其特点，从而正确理解思想政治教育仪式感染性的基本内涵，全面分析和掌握仪式感染性发挥作用的内在机理。在本章中，笔者将重点围绕新时代思想政治教育、思想政治教育仪式以及思想政治教育仪式感

① 列宁．列宁全集(第55卷)[M]．中共中央马克思、恩格斯、列宁、斯大林著作编译局，编译．北京：人民出版社，1990．

染性三个关键词，厘清“思想政治教育”“思想政治教育仪式”“思想政治教育仪式感染性”的本质内涵，明晰、理解和把握这三个概念之间的外在边界、内在联系，明晰这些概念的理论边界及现实定位，通过理论研究重点分析思想政治教育仪式感染性的本质内涵。

第一节　新时代思想政治教育的新内涵

马克思指出，每一个企图取代旧统治阶级的新阶级，为了达到自己的目的不得不把自己的利益说成社会全体成员的共同利益。这在观念上的表达就是赋予自己的思想以普遍性的形式，把它们描绘成唯一合乎理性的、有普遍意义的思想。① 这一论述说明思想政治教育具有鲜明的政治属性和意识形态属性，肩负着维护社会政治稳定的使命和促进经济发展的任务。列宁在此基础上又进一步发展了思想政治教育理论。他指出，思想政治教育的有效开展，必须发挥无产阶级政党在领导、组织和队伍建设等方面的优势。思想政治教育的内容应随着党和国家工作重心的改变而改变，要根据不同发展阶段的形势和需要适时开展思想政治教育工作。这要求教育工作者必须理论联系实际，掌握运用马克思主义最新成果向人民群众开展宣传教育。新时代思想政治教育承载着新的内涵，厘清这一内涵，是研究高校思想政治教育仪式优化改进相关问题的基础，也是正确把握思想政治教育仪式感染性内涵机理的前提。在全国高校思想政治工作会议上，习近平总书记对新时代的思想政治教育做了根本界定和详细阐述，为我们开展思想政治教育指明了方向，提供了根本遵循。因此，我们必须以习近平新时代中国特色社会主义思想为指导，理清和把握新

① 韦建桦. 马克思恩格斯选集(第1卷)[M]. 中共中央马克思、恩格斯、列宁、斯大林著作编译局，编译. 北京：人民出版社，2012.

时代思想政治教育的具体内涵，这主要体现在新时代思想政治教育的核心使命、主要内容和实践要求三个方面。

一、新时代思想政治教育的核心使命

进入新时代，习近平总书记对思想政治教育的核心使命做出了新定义：思想政治教育最核心的使命是“铸魂育人”。“铸魂育人”是对新时代思想政治教育意识形态属性的准确表达。思想政治教育的核心使命与其概念紧密相连，就思想政治教育核心使命这一命题，国内许多学者（如张澍军、陈万柏、张耀灿等）在思想政治教育的定义上作了许多努力。这些定义比较全面和准确地把握住了思想政治教育的本质内涵。

思想政治教育的核心使命是随着思想政治教育的发展而不断发展变化的。马克思主义认为，作为一种教育活动，思想政治教育至少是伴随阶级社会的产生就已经存在的。而思想政治教育这一词语却是在近代产生的，而且与无产阶级有着密切联系。世界上第一个无产阶级政党——共产主义者同盟于1847年创立，马克思、恩格斯作为创立者提出了“宣传工作”的概念。列宁在重视“宣传工作”的同时，结合本国政治革命实践，于1902年前后提出了“政治工作”和“政治教育工作”的概念。斯大林在苏联十七大的报告中提出了“思想工作”和“思想政治工作”的概念。毛泽东于1957年发表《关于正确处理人民内部矛盾的问题》，他讲到：“一九五六年，在个别地方发生了少数工人学生罢工罢课的事件。”闹事的原因之一是“对于工人、学生缺乏思想政治教育”。为了从根本上消灭发生闹事的原因，必须加强“思想政治教育”，恰当处理各种矛盾。毛泽东在提出“正确处理人民内部矛盾”这样一个重大问题时，指出了思想政治教育的本质和重要性。需要说明的一点是，关于思想工作、政治思想工作和思想政治工作等与思想政治教育相似概念的使用并没有消失，一直广泛出现在人民群众的口头表述和政府机关的工作文件中。从马克思最早提出的宣传工作到现阶段思想政治教育的演变过程来看，都是特定群体或者阶级为了实现某种目的，宣传本群体或者阶级的政治思想和观点的一种教育活动。

新时代思想政治教育核心使命的本质内涵是“三位一体”的灵魂铸塑过程。在全国高校思想政治工作会议上，习近平总书记指出我国高等教育肩负着培养德智体美全面发展的社会主义事业建设者和接班人的重大任务。这是对思想政治教育的核心任务作出的本质规定，其关键就在于“培养什么样的人、如何培养人以及为谁培养人”①，这是思想政治教育必须回答的三个根本问题，也是对铸魂育人核心使命的诠释。习近平总书记在全国教育大会上指出，教师是人类灵魂的工程师，承载着传播知识、传播思想、传播真理，塑造灵魂、塑造生命、塑造新人的时代重任。对教师“铸魂育人”使命任务进行了进一步的阐释和明确。许多学者都对这一核心使命进行了深入研究，李忠军指出“铸魂育人”中的信仰、价值和精神构成思想政治教育意识形态性的核心要素，“铸魂育人”在当前内含着中国梦、社会主义核心价值观与中国精神“三位一体”的灵魂铸塑过程，是思想政治教育本质核心内涵规定的时代任务，思想政治教育意识形态性的基本结构正是由这种“三位一体”所构成的。② 新时代的意识形态建设更加迫切需要信仰、价值和精神，这就要求我们必须全面加强社会主义意识形态建设，依据三位一体的铸魂逻辑系统构筑固本铸魂工程。吴潜涛在《中国精神教育读本》中指出，中国精神是实现中国梦的动力源泉和重要体现，培育和创新中国精神，要以中国精神和中国梦的关系为切入点，找到中国精神的“根”和“脉”，从实践中发现和培育具有时代意义和现实价值

① 习近平.习近平在全国高校思想政治工作会议上强调：把思想政治工作贯穿教育教学全过程　开创我国高等教育事业发展新局面[N].人民日报，2016-12-09(1).

② 李忠军.“铸魂育人”是思想政治教育本质核心内涵的探讨[J].思想理论教育导刊，2015(10).

的精神典型。[①] 新时代的思想政治教育工作必须遵循深入开展中国梦教育、践行社会主义核心价值观、弘扬中国精神三位一体的铸魂规律，在青年大学生思想多元、追求个性的时代背景下，协调并进，整体推进，实现让人民有信仰，让民族有希望，让国家有力量的目标。这是我们创新和探索思想政治教育新内容与新方式必须紧密围绕的核心点。

二、新时代思想政治教育的主要内容

“铸魂育人”这一核心使命规定了新时代高校思想政治教育的目标和方向，同时我们还必须明确其主要内容。新时代思想政治教育的主要内容就是培育和践行社会主义核心价值观，引导学生增强“四个意识”、坚定“四个自信”、做到“两个维护”。

大学生理想信念教育是高校思想政治教育的核心内容。2004 年 10 月发布的《关于进一步加强和改进大学生思想政治教育的意见》为高校思想政治教育工作提供了根本遵循，是高校思想政治教育工作的纲领性文件，明确指出大学生思想政治教育要以理想信念教育为核心，以爱国主义教育为重点，以基本道德规范为基础，以大学生全面发展为目标。[②] 其中，理想信念教育是思想政治教育的核心内容，是思想政治教育的灵魂。与之相应的，大学生理想信念教育是高校思想政治教育的核心和灵魂。胡锦涛就曾指出，大学生思想政治教育必须紧紧抓住理想信念教育这个核心。[③] 2013 年 12 月，中共中央办公厅印发的《关于培育和践行社会主义核心价值观的意见》也明确要求，以理想信念为核心，抓住世界观、人生观、价值观这个总开关，筑牢人们的精神支柱，牢固树立中国特色社会主

① 吴潜涛，等. 中国精神教育读本[M]. 北京：人民出版社，2014.
② 教育部思想政治工作司. 加强和改进大学生思想政治教育重要文献选编(1978—2014)[M]. 北京：知识产权出版社，2015.
③ 中共中央文献研究室. 十六大以来重要文献选编(中)[M]. 北京：中央文献出版社，2006.

义的共同理想。文件还明确将理想信念教育作为培育和践行社会主义核心价值观的原则之一，进一步指明了工作方向，具有极强的针对性和指导性，这充分说明培养大学生坚定的共产主义理想信念在培育和践行社会主义中的重要地位。这一要求让我们明晰了思想政治教育就是世界观、人生观和价值观的教育，引导和帮助青年大学生正确认识世界、社会和人生，从而使他们更好地融入社会、融入生活，并在此基础上推动社会的不断进步和有序发展。

引导学生树立“四个正确认识”和“四个自信”是高校思想政治教育的新内容和着力点。新时代伴随着新要求，在继承思想政治教育的优良传统基础上，习近平总书记对新时代思想政治教育的主要内容进行了新的发展和诠释。他指出，从根本上讲思想政治教育就是做人的工作，思想政治教育具有非常丰富的内容，其关键是引导学生形成“四个正确认识”和“四个自信”。[①] 青年大学生唯有正确认识世界和中国发展大势，把握历史规律，才能坚定理想信念；青年大学生唯有正确认识中国特色并和国际比较，才能打开国际视野，在中国和世界的比较中，对中国道路和中国制度进行历史和现实的回答；青年大学生唯有正确认识时代责任和历史使命，才能把个人的理想与追求自觉融入国家民族的大业中，勇做走在时代前列的奋进者与开拓者；青年大学生唯有正确认识远大抱负和脚踏实地，才能心怀祖国、仰望星空、努力拼搏，积极投身社会主义建设的伟大事业，以实干助力实现中国梦。青年大学生只有形成“四个正确认识”，才能更加坚定中国特色社会主义的道路自信、理论自信、制度自信、文化自信。新时代的思想政治教育要提升学生的思想政治素质，引导学生树立四个正确认识，增强四个自信，增强学生在纷繁多变的国内外环境中辨明方向、认清形势、把控未来的底气和能力，帮助学生自觉将个人发展与国家

① 习近平.习近平在全国高校思想政治工作会议上强调：把思想政治工作贯穿教育教学全过程 开创我国高等教育事业发展新局面[N].人民日报，2016-12-09(1).

强盛、民族振兴结合在一起，让中华民族的伟大复兴在广大青年的接力奋斗中变为现实。高校要坚持立德树人的核心使命，切实加强和改进高校思想政治教育工作，用社会主义核心价值体系武装广大青年大学生，努力造就世界一流的人才，真正培养中国特色社会主义的合格建设者和可靠接班人。

三、新时代思想政治教育的实践要求

新时代思想政治教育的核心使命和主要内容是新时代思想政治教育的基本内涵，但做好思想政治教育工作才是思想政治教育的实践要求，只有将思想政治教育的目标具体化，内容可视化，工作方法与时俱进不断创新，使思想政治教育的内容真正入脑入心，并转化为实际行动，才是合格的思想政治教育。

在思想政治教育实践中，“入脑”是前提，“入心”是根本，“入行”是最终目的。在社会主义市场经济条件下，高校思想政治教育工作必须紧密围绕党的基本路线，根据社会的现实存在和要求，结合大学生的思想道德状况和时代特点，科学组织和有效实施思想政治教育内容，这是思想政治教育能够成功的保证。当前，就是要将社会主义核心价值观的内容贯穿其中，使学生通过积极的实践和自主体验达到自律，成长为具有健全人格的人。这些都需要恰当的方法开展实践。新时代的大学生具有全新的特点，传统“说教式”“指令式”的教育管理方式已经丧失了原有的魅力，只有符合学生需求，打动学生心灵、触动学生灵魂的教育方式才能适应新时代的教育要求，才能让学生达到真学、真信、真用。

那么，到底该如何做好新时代思想政治教育工作呢？习近平总书记指出，要“因事而化、因时而进、因势而新”；强化思想政治教育工作的改革创新，要坚持遵循三个规律，即“思想政治工作规律”“教书育人规律”和“学生成长规律”；在工作方法上，对好的办法要坚持继承和沿用，对老办法要坚持改进和创新，并且要积极与时俱进，不断探索新办法，不断增强工作能力，提高工作水平。[①] 在思想政治教育工作中，要更加注重以文化人以文育人，既重视显性教育，也要重视潜移默化的隐性教育，实现"如入芝兰之室，久而自芳也"的效果；要更加善于运用新媒体、新技术使思想政治教育工作活起来，让思想政治工作能够在线上线下形成共振，增强时代感和吸引力。这就要求高校思想政治教育工作者要不断创新思想政治教育载体，不断构建既符合时代特点，又契合大学生需求的思想政治教育方式。思想政治教育仪式具有与生俱来的实践性和参与性特质，既迎合了新时代思想政治教育方式方法创新的需求，也有助于通过浸润、感染、熏陶的方式实现更好的育人效果，能够很好地满足新时代思想政治教育入脑入心入行的实践要求。

第二节　新时代思想政治教育的仪式化实践

新时代赋予了思想政治教育新的内涵，其核心使命、主要内容和实践要求对创新思想政治教育方式方法提出了新的时代要求，思想政治教育的仪式化实践正是对这一新要求的贯彻和执行。随着思想政治教育的仪式化实践，仪式的特征变得更为显著而简单化，其蕴含的思想政治教育本质内容不断重复，一部分内容被强化，最终形成一定的范式；而思想政治教育与仪式结合所产生的"意外"效果，对我们更好地开展思想政治教育具有重要意义，于是我们将这种思想政治教育的仪式化实践称为思想政治教育仪式。接下来，笔者将对思想政治教育仪式这一概念进行明确的界定，梳理其本质内涵，为下一步开展更深入的研究奠定理论基础。

---

① 习近平. 习近平在全国高校思想政治工作会议上强调：把思想政治工作贯穿教育教学全过程　开创我国高等教育事业发展新局面[N]. 人民日报，2016-12-09(1).

一、思想政治教育仪式的范畴界定

首先来看一下仪式的各类权威定义。《新华字典》将仪式定义为典礼或大会的进行程序和形式。[①]《现代汉语词典》中的解释同前面类似，仪式是举行典礼的程序、形式。[②] 在传统意义上，仪式就常常被用作对社会的规训和象征性展示，如《朱熹集传》对仪式的定义为“仪、式、刑，皆法也”。[③] 可见，仪式的思想政治教育功能古已有之。社会学家、人类学家涂尔干也指出，仪式是行为规则，这些规则规定了一个人在那些神圣的对象面前应该如何表现自己。[④]《简明文化人类学词典》将仪式定义为一种按一定的文化传统，将一系列具有象征意义的行为集中起来的安排或程序。[⑤] 这些定义说明了一个问题：作为一种象征性安排，在社会整合和意识形态教育方面所具有的作用。正如笔者在文献综述部分所阐述的，仪式是思想政治教育的重要载体，具有重要的思想政治教育功能，能够在潜移默化中实现润物无声的育人效果，能够强化学生的理想信念、价值追求和行为规范。在仪式里面，世界既是现实存在的，同时又是想象的，例如婚礼、葬礼、入学礼等都是一种生命的体验、身份的过渡，标志着一个生命阶段向另一个阶段的转变。仪式又是一种有规律的重复的行为，在不断重复的过程中固定情感，它铭刻在了我们的社会生活中，让我们的生活无意识地存在了更多的仪式化行为——礼仪(日常行为仪式)。仪式还是对人的行为的约束，换言之就是对人的教育。正是因为仪式所具有的这些现实教育意义，仪式才得以成为承载思想政治教育功能的重要载体。这也就形成了思想政治教育仪式的概念来源。

---

① 新华字典[Z]. 北京：商务印书馆，1981.
② 现代汉语词典[Z]. 北京：商务印书馆，2005.
③ 汉语大词典(第一卷)[Z]. 上海：上海辞书出版社，2002.
④ Durkheim E. Elementary forms of religious life: Conclusion[J]. The Russian Sociological Review, 2018(17).
⑤ 陈国强. 简明文化人类学词典[Z]. 杭州：浙江人民出版社，1990.

仪式从多个方面呈现着意识形态教育与思想政治教育的目标、内容和要求。首先,思想政治教育主要是关于世界观、人生观和价值观的教育,是民族精神和文化的传承,是社会主义道德的教育,也是如何成为一名合格公民最基本的教育。而仪式中呈现的内容与思想政治教育的内容具有一致性,仪式可以对仪式参与者的精神和情感层次进行影响,并通过情感中所包含的价值观念,实现对参与者的世界观、人生观和价值观,以及民族精神等政治思想的教育。其次,仪式过程实际上包括了两个方面的内容:一方面,仪式行动的过程承载了相关信息与知识的传递;另一方面,仪式行动也包含着仪式参与者之间的感情和情绪的传导,这两个方面都具有丰富的内容,而这些知识、信息、情感和情绪等的传递恰恰也是思想政治教育力图实现的教育目标。然后,思想政治教育的另一项重要意义是社会整合的功能,即通过日常的教育向受教育者进行的关于社会规范和社会秩序的教育,也就是说帮助受教育者完成社会化的过程,而仪式巩固了群体的规范,给个人的行为提供了道德制裁,为共同体平衡所依赖的共同目的和价值观念提供了基础①,从这个角度讲,两者具有一致性。最后,仪式所具有的传承性,可以在一定程度上,经过特定的仪式行动设计,重现或重构历史发生的过程,这种对历史的情境性重构,实际上也是思想政治教育的重要组成部分。仪式的这种重构作用,使得学校里的思想政治教育既具有历史文化的底蕴,又体现了新时代的思想特征。

借助以上对新时代思想政治教育新内涵的认识,以及对仪式的思想政治教育功能的剖析,我们可以对思想政治教育仪式的概念作出界定。狭义的思想政治教育仪式可以理解为具有思想政治教育功能的仪式,是指一切以思想政治教育为目的,为体现统治阶级的思想观念、社会道德、

① 王铭铭.想象的异邦:社会与文化人类学散论[M].上海:上海人民出版社,1998.

政治观点和行为规范，而实施的有目的、有计划、有组织的仪式活动。广义上的思想政治教育仪式泛指一切以思想政治教育为目的，为了使人们更好地融入社会生活，树立正确的世界观、人生观和价值观，而在日常生活或者社会中存在的一切程序化、规范化的礼仪、规则和仪式活动等。广义的思想政治教育仪式包括了礼仪，不仅具有礼的内容还有礼的形式。作为思想政治教育的一种有效载体，很多礼仪已经融入我们的生活之中，例如，看到同学问好、上课前起立问候老师、上课回答问题要先举手示意等。这些礼仪性的仪式会让社会秩序良好、人际关系和谐，从而形成一个好的社会环境。

思想政治教育仪式绝不是字面上“思想政治教育”与“仪式”的简单叠加，只有在教育仪式中融入了社会主义核心价值观的内涵，才能称之为思想政治教育仪式。培育和践行社会主义核心价值观，既是思想政治教育仪式必要的内容，也是思想政治教育仪式追求的目标和存在的价值。当前，虽然有一些仪式承载着一定的爱国主义教育、思想道德教育和行为规范教育内容，但这些更多是传承自传统的教育仪式，还没有结合新时代的现实教育环境和实践要求进行创新建构，高校思想政治教育仪式尚未形成完整而有效的体系。仪式要被真正赋予积极的思想政治教育意义，就必须将社会主义核心价值观融入仪式的结构性程序中，这构成了新时代高校思想政治教育仪式的原则性要求，是我们理解思想政治教育仪式内涵和把握思想政治教育仪式功能的关键，也框定了思想政治教育仪式的基本属性。

二、思想政治教育仪式的基本属性

属性是人类对一个对象抽象方面的刻画，是对象的性质与对象之间关系的统称。对照思想政治教育仪式的内涵，我们可以概括出思想政治教育仪式的三个基本属性：政治性、教育性和程序性。

一是政治性。这一属性体现了思想政治教育仪式是与政治密切相关的，甚至于根本可以看作政治活动。一方面，思想政治教育本身就是政治的产物，即思想政治教育本身就是要促进人的全面发展，促进人在各种政治关系中能够从容应对，培养符合政治要求的“政治人”。这里的“政治人”是指认同中国特色社会主义制度，具有一定政治立场、政治能力、政治情感、政治参与意愿的人。政治性既是思想政治教育的本质属性，也是开展思想政治教育的组织保障和合法基础，思想政治教育仪式的政治性正是源自思想政治教育这一本质属性。另一方面，思想政治教育仪式的政治性还体现在仪式的政治性上。仪式本身就具有一定的政治含义与政治功能。众多公共仪式的设计本身就体现着政治的需要。在传统社会生活中，即便是民间的仪式，也很难抹去其固有的政治色彩。比如，端午节的仪式活动，通过与屈原投江的故事相结合，给端午节赋予了矢志报国的政治意义。再比如最私人化的清明节，其本身是祭奠祖先的家族活动，但又是缅怀先烈、祭奠英灵的节日，与中国传统的家国理念息息相通。当前的思想政治教育仪式首先就要突出其政治性，整个仪式的作用、目的就是要培养社会主义建设者和接班人。在校园中我们见到政治性最强的仪式就是升国旗、奏唱国歌、入团、入党的相关仪式，通过这些仪式，可以培养青年大学生爱国、爱党、爱社会的情感，从而认同中国特色社会主义道路，拥护中国共产党的领导、路线、方针和政策。因此，我们可以说政治性既是思想政治教育本质属性的体现，也是仪式本身的功能所在，在思想政治教育仪式中，这一特性得以更充分地彰显，这也构成了思想政治教育仪式的最基本属性。

二是教育性。思想政治教育的核心使命是铸魂育人，根本手段是教育，因此教育性是思想政治教育仪式的另一基本属性。教育是教育者有目的、有计划、有组织地对受教育者的心智发展进行教化培育，以现有的经验、学识推广于人，为其解释各种现象、问题或行为，以增长其能力和经验。教育是以人的一种相对成熟或理性的思维来认知事物，让事物得以接近其最根本的存在。人在其中，慢慢地对一种事物由感官触摸而到达认知理解的状态，并形成一种相对完善或理性的自我意识思维。教育性既体现了思想政治教育仪式的最终目标，也确定了其内容。思想政治教育仪式的设计与开展，必须以教育人和培养人为目标，着力通过仪式的参与，使大学生能够形成正确的思维方式、思想认知和价值立场，并因思想的逐渐成熟和思考得更加理性，不断迈向最成熟的自我和拥有最理性的思维，这即是教育的根本所在。

三是程序性。程序性是思想政治教育仪式外在而具体的表现，也是思想政治教育仪式的又一基本属性。无论是思想政治教育仪式的政治属性，还是教育属性，其最终都将体现为程序化的仪式，这是思想政治教育仪式有别于思想政治教育其他载体的本质特征。思想政治教育仪式就是把思想政治教育的内容通过一定的程序和某种范式上升到符合统治者需要的程度的一种活动。程序性要求思想政治教育仪式必须符合仪式的一系列特点和规范，但是现在很多时候，就一场仪式的过程来说，往往忽视时间和地点的选择，完全忽视仪式程序的完整性，造成的后果就是难以对参与者起到震撼和感动的效果。因此，程序性是确保思想政治教育仪式目标达成的关键属性。

从本质上讲，思想政治教育仪式的三重属性是相互纠缠、密不可分的，忽视了政治性的思想政治教育仪式也就丧失了存在的合法性，忽视了教育性的思想政治教育仪式就丧失了存在的必要性，而忽视了程序性的思想政治仪式就难免陷入形式主义的功利性。因此，理解和把握好这三重属性，是开展思想政治教育仪式化实践的前提与保障。

三、思想政治教育仪式的现实反思

马克思指出，个人怎样表现自己的生活，他们自己就是怎样。因此，他们是什么样的，这同他们的生产是一致的——既和他们生产什么一致，又和他们怎样生产一致。因而，个人是什么样的，这取决于他们进行生产的物质条件。[①] 马克思的这一论述将人与他所生活的现实世界联系起来。教育正是要从生活出发，以学生真切体悟到的价值为切入点，切实引导学生思索和体验生活中的价值意义，并在此基础上形成完整的价值观。叶圣陶先生曾说过“教是为了不教”。这句话的含义是说，教育活动只是达成教育目标的一种外因，是不可能代替受教育者的认识以及实践的，教育的目标是受教育者的自觉。说到底，大学生价值观是在外部环境影响下，通过自觉自愿、自我建构而树立的，依赖于学生不断地自我改造、建构和丰富发展的过程。正如马克思和恩格斯曾经指出的那样，发展着自己的物质生产和物质交往的人们，在改变自己的这个现实的同时也改变着自己的思维和思维的产物。[②]

作为学校常规活动中一种直观、生动的教育活动，思想政治教育仪式具有提升学生思想认识、规范其行为、构建和谐校园和展现学校风貌的价值，是培育和践行社会主义核心价值观的重要手段。然而，在现实的教育活动中，思想政治教育仪式存在着形式化、简单化、工具化以及同质化等弊病。由于对仪式感染性的研究不够，运用仪式开展思想政治教育仍然还停留在经验摸索的层次，缺乏扎实的理论基础，难以完整地建构符合时代特点、适应教育环境变化的思想政治教育仪式。为了充分发挥思想政治教育仪式的育人功效，必须深化仪式的内涵研究，提升仪式活动的教育意蕴。在仪式的设计和进行过程中，高校思想政治教育工作者必须遵循仪式规律、加强仪式规划、尊重学生主体地位、关注学生情感体验、规范仪式行为，不断创新思想政治教育仪式，体现仪式在教育活动中的优势和特色。当然，任何仪式都没有“最佳剧本”，在一个主体弥散的教育环境中，思想政治教育仪式也充满着不确定性，有时即使经过了精心的设计和布

① 韦建桦. 马克思恩格斯选集(第1卷)[M]. 中共中央马克思、恩格斯、列宁、斯大林著作编译局，编译. 北京：人民出版社，2012.

② 韦建桦. 马克思恩格斯选集(第1卷)[M]. 中共中央马克思、恩格斯、列宁、斯大林著作编译局，编译. 北京：人民出版社，2012.

局，仍旧难以实现预定的感染效果和教育目标。可是，有的时候一些偶发事件、无心行为，或者临时起意的仪式活动，却可能起到令人惊喜的教育效果。但无论如何，只有把握了思想政治教育仪式感染性的作用机理，掌握了影响思想政治教育仪式效果的影响要素和关键环节，我们才能够设计更多更好的仪式，真正提升仪式的育人效果。

从上面的研究中，我们可以看到，近年来，隐性教育等感染性更强的教育方式超越传统说教式思想政治教育的方式方法已经越来越被重视，特别是在“因事而化、因时而进、因势而新”原则指导下，在不断改进思想政治理论课教学内容和教育方法的同时，思想政治教育仪式活动越来越被重视，已经成为高校一种关注度高、规范性强、创新积极的官方行为，在日常教育活动中对培育学生的社会主义核心价值观，培养学生的思想道德修养，增强学生的责任意识，弘扬和传承爱国传统等方面已经取得了成效。但是其存在的问题也很多，面临的挑战更加严峻，我们必须高度重视，从理念更新、形式改进、程序设计和评价反馈等方面下功夫。

一是要树立高校思想政治教育仪式新理念。人才是第一资源，面对日益激烈的国际竞争环境，以及世界经济不确定性的增加，面对美国在贸易问题上的保守主义倾向造成的中美贸易摩擦，要想在日趋激烈的国际竞争与挑战中赢得发展主动权，就要坚持“创新是动力、核心是人才、关键在教育”的观点。教育是推动社会进步的基础，也是为中国特色社会主义建设培养和造就合格建设者和可靠接班人的唯一路径。树立全面加强思想政治教育的新理念，运用新方法，把握新规律，对培养造就一流人才，实现中华民族伟大复兴中国梦具有重要意义。教育问题极其重要，教育的理念、方法等也要不断进步，现代教育有着现代教育的规律，对于现代教育而言，一方面要坚持教育的根本目标，实现教育人、引导人、鼓舞人、鞭策人的任务；另一方面又要运用恰当的育人方式方法，做到以人为本，坚持尊重人、理解人、关心人和帮助人。研究证明，仪式就是适应现代教育要求的有效方式之一，高校要树立思想政治教育仪式的新理念，坚持以学生为本，不断激发每一位学生的主体性，关注和重视仪式感染人过程中的价值融入和主体间性，有效发挥仪式感染性，使思想政治教育真正融入学生的学习和生活、真正成为学生的自觉和自愿、真正指导学生的认知和实践。

在仪式过程中，参与仪式就分享了仪式教育所蕴含的价值目标和教育内容，也意味着将承担一种社会期待，扮演特定的社会角色。但无论是哪一种类型的思想政治教育仪式，都是以激励学生参加仪式并融入仪式情境中为方式，以体验和共享仪式的价值内涵和教育内容为目标，这既是思想政治教育仪式创新的要求，也是新时代思想政治教育工作的应有之义。高校管理者应把思想政治教育仪式作为一种重要的教育手段，通过建立符合时代需要和学生需求的思想政治教育仪式，调动学生的兴趣，激发学生的情感，使其在理性和感性的交融中受到仪式价值的熏陶，从而取得思想政治教育的良好效果。

二是要推动旧仪式的改造和新仪式的创设。与时俱进、改革创新是构建思想政治教育仪式体系的基本规范。在落实全国高校思想政治工作会议和全国教育大会要求，推进高校思想政治教育仪式体系建构的工作中，我们必须坚持推动当前高校仪式体系的创新改革。仪式活动的开展形式要精不要多，所开展的仪式必须依照仪式感染性的作用机理，要有特色、有创新。纵观当前高校开展的各类思想政治教育仪式可以发现，规模较大的开学典礼、毕业典礼、入党公开答辩仪式、宣誓仪式等，规模较小的如见面问候、上下课问好仪式等，种类繁多。对于这些仪式，高校思想政治教育工作者必须加以细致的筛选和价值的修正，不能盲目按照原有惯例，不思考、懒作为，稀里糊涂地开展。正如笔者在前文实证研究中所述，当下高校思想政治教育仪式面临着“形式化”的危机，受行政权力和多元价值冲击等因素的影响，仪式很容易沦为一种“空架子”，容易变得有名无实，成为一种必不可少的“摆设”。在本文的论述中，笔者已经强调了仪式的意义和价值，以及仪式对受教育者传递主流价值、规范言行、铸塑灵魂的积极作用。倘若仪式沦为空洞的形式，成为一种摆设，那么，思想政治教育仪式的真实意义就会丧失，仪式也就会被看成一种负担和累赘。长此以往，思想政治教育仪式必然会越来越远离广大师生，导致活动组织者愈发不明白仪式的真义，不断地追求形式上的华丽和场面的宏大，将重要的思想政治教育活动视为组织者表现政绩的秀场，而仪式的主要参加者——学生，作为被迫捧场的“填坑者”，只会感到失落与冷漠，他们会以无所谓的态度参加仪式，甚至漠视仪式，这样最终必然导致仪式庄重性和教育性的缺失。

因此，高校在开展思想政治教育仪式时，首先需要对学校既有的仪式进行筛选甄别，结合学校的文化传统、办学理念以及仪式感染性的客观规律，将那些不合格的思想政治教育仪式活动进行筛选和改进，创建符合新时代要求、具有自身特色的思想政治教育仪式体系。对于当前高校中仍存在的已经丧失教育功能，或脱节于时代、或落伍于现实、或违反思想政治教育仪式规范、或有悖于学生发展需求的仪式，要敢于批判勇于淘汰；对于那些有现实需求的、来源于学生的、新兴的、具有教育意义的仪式，应该不断吸收和引进，并遵循思想政治教育仪式感染性的内在机理和客观规律加以改造，使之符合思想政治教育的目标；对于一些尚未开发，但有教育意义和需要的仪式，应该进行精心的设计和创新，不断充实和完善思想政治教育仪式体系。换言之，思想政治教育仪式要结合新时代中国的实际情况进行再创造，在“毁灭”与“再生”的过程中，实现高校思想政治教育仪式内容和形式上的创新与发展。

三是要精心设计每一场思想政治教育仪式。高校思想政治教育仪式的开展是一个复杂的系统工程。从前文的研究可以看出，思想政治教育仪式的感染是一个循序渐进、充满不确定性的过程，直接关系到仪式的教育效果。在参与特定教育仪式的过程中，教育者和受教育者将共同分享仪式的教育内容，而仪式感染性作用的成功发挥有赖于仪式各构成要素的合理安排。此外，在布局思想政治教育仪式体系的具体活动时，高校思想政治教育工作者还要对仪式的分类有明确的认识，这样才能够精准地实现仪式的教育功能。这些要求使思想政治教育仪式成为一个复杂的系统工程，而不是随心所欲的一场主题活动，要求高校思想政治教育工作者必须高度重视，加强理论学习和细化实践操作，精心设计好每一场思想政治教育仪式。

高校要举办一场成功的思想政治教育仪式，具体而言要做到以下几点。首先要认真做好前期准备。在仪式设计之初，要对已经开展的仪式进行梳理整合，并深入学生当中了解学生的思想状况和实际需求，同时要注重结合学校自身的文化特色，结合学校的办学理念，明确思想政治教育仪式的目标，对思想政治教育仪式体系进行系统性的规划。其次，要根据不同的思想政治教育仪式类型做好仪式的分类实施。明确各类仪式的不同目标、不同内涵以及不同的仪式设计要求，按照仪式类别形成参考标准和基本规范，并引导仪式活动的组织者根据不同的仪式主题，慎重选择或创设仪式的情境、形式以及互动过程，进而结合仪式的内容，有针对性地挑选仪式展开的具体形式和方法，提升仪式育人的有效性。然后，在仪式活动开展过程中，要选择有经验的教师与学生共同参与，做好仪式互动的组织协调。仪式活动的过程充满不确定性，特别是在仪式的互动环节，必须有经验丰富的教师全程参与和引导，否则就容易出现偏差或者沦为形式。最后，在仪式活动过程中和结束后，要做好及时的宣传和展示。这样一方面可以扩大仪式的影响范围，将仪式的影响范围从仪式场域扩大到更加广阔的空间；另一方面能够进一步加深参与仪式学生对仪式的认识、理解，提升仪式的感染性。

四是要完善思想政治教育仪式的评价反馈。正如上文所述，思想政治教育仪式是实践性的教育，必须经过实践的不断检验和积累，也只有在实践当中经过不断的反思总结，积累活动开展的经验，才能促进思想政治教育仪式的不断发展与完善。一场好的思想政治教育仪式活动，不仅包括了对仪式活动的正确认知，对思想政治教育仪式理论的掌握，以及在实践中的精心设计和方法选择，还需要包含及时正确的评价反馈机制。对思想政治教育仪式活动的评价反馈，有助于真实全面地了解仪式参与者的心理感受，参与仪式过程中的情感体验，对仪式价值的感受程度以及认知程度，对整个仪式活动的综合评价和教育效果的综合评估，这对继续开展和修正同一类型仪式活动具有重要意义。

在实际的评价反馈过程中，由于思想政治教育仪式与一般的思想政治教育方式不同，尽管仪式包含特定的知识体系和价值内容，但仪式更多地体现为主体参与的体验教育和认同教育，重点在于参与者的评价和感受。所以，对于高校思想政治教育仪式的评价，不应当以呈现的场面和效果为标准，杜绝“好大喜功”的心态，而应该追求评价取向的多元化，把仪式的教育效果真正落到实处，特别是对于一些场面“并不好看”的仪式活动。在评价的过程中，也不能只追求结果性的评价，还应注重过程性的评价，按照思想政治教育仪式感染性的内在机理，评价仪式在每一个环节的实际运行效果。此外，还要增加参与者的自我评价，因为思想政治教育仪式是主体间的教育实践活动，只有参与者才最具发言权，参与者的主观感受也是评价仪式成败的重要指标。对思想政治教育仪式的评价反馈于教育者而言，是对教育活动的反思和总结，也是对教育方法不断改进的途径；于受教育者而言，可以激励学生自我发展并参与到改进仪式的组织工作中来，让他们真正成为仪式活动的主体。对于仪式活动开展过程中形成的好经验、好做法，可以有目标、分层次地推广应用和重复开展。只有设立完善的思想政治教育仪式评价反馈体系，才能真正在理论研究与实践检验中推进高校思想政治教育仪式的创新发展，最大化地激活高校思想政治教育仪式的感染性。

第三节　思想政治教育仪式感染性的基本内涵

人们是通过概念、规律和范畴等形式认识客观物质世界的。内涵就是一个概念所反映的事物的本质属性的总和。厘清思想政治教育及思想政治教育仪式的内涵是我们阐释思想政治教育仪式感染性概念的前提。笔者通过对两个概念进行梳理，缩小了思想政治教育仪式感染性概念的边界。作为本书的核心概念，思想政治教育仪式感染性既是分析工具，也是试图提升高校思想政治教育效果的重要途径。接下来的内容将对这一概念进行确切的界定，为后文的分析和研究奠定基础。

一、思想政治教育仪式感染性的概念提出

黑格尔曾经说过，一个体系需要提出一个“原理”并“贯穿在特殊的东西”里面，哲学的基本理念正是这样在体系中发挥特殊而持久作用的。[①]黑格尔的论述阐释了理念，或者说具体理论对指导实践的重要性，原理提供着理解和引导这个体系获得普遍特殊规定性的理念根据，而这个理念根据应当是作为前提存在的永久规定。思想政治教育仪式感染性概念的提出，其根本目的就是要为思想政治教育仪式的开展提供理念根据和理论指导，因此对这一概念的阐释以及理论建构，对我们开展新时代背景下的高校思想政治教育仪式活动至关重要。

“感染性”一词源自医学领域。其中，“感染”是指病毒感染，即病原微

① （德）黑格尔. 哲学史讲演录（第二卷）[M]. 贺麟，王太庆，译. 北京：商务印书馆，1960.

生物以及寄生虫等侵入机体并生长繁殖引起的病理反应，以及对机体造成的损害。“感染”一词是关于过程的形象描述。我们称凡是能够像病毒、细菌、真菌、寄生虫等一样，侵入生物体引起局部组织和全身性炎症反应的病原体具有“感染性”。在心理学领域，研究者也常常使用“感染”一词指称个体、情绪，以及情绪传播的心理过程。从心理学关于情绪感染的研究中，我们可以对感染的内涵有一个基本的把握：“感染”是指个体通过模仿、反馈等机制，自动地、无意识地传递情感的过程，这种传递在群体间会产生循环交互的作用，并具有放大情感的功能。用“感染”一词形象地说明了，情绪会像医学上的病毒一样，在无意识的接触中进行传播，并形成共感。在社会心理学上，感染是一种群众性的心理现象，是指群体间的个体通过语言、表情、动作及其他方式，引起的感情或行为从一个人蔓延过来又加剧别人的情绪。行为感染指一个人的行动传向另一个人，它是由情绪感染引起的。感染在有压力的团体情境中产生，并具有无意识和不由自主地从众的特征。[①] 基于医学领域对“感染性”的理解，在心理学领域，我们可以形象地认为，凡是能形成共感的个体、情绪，以及情绪传播乃至行为等都可以称之为具有“感染性”。

在此，我们在前人理论研究的基础上，对心理学以及思想政治教育领域关于“感染性”概念的研究成果进行梳理，用“感染性”一词能够更加清晰地理解仪式感染的微观机理，并对仪式的教育意义开展更深刻的研究。我们对人类心理的感染机制的认识，同样适用于仪式的感染机制。

综上所述，思想政治教育领域所称的“感染性”可以从字面的含义对其进行界定：“感”是人对实践过程的体验，是通过感官获得并形成的感性认识，是宏观层面上的，对事物和事物变化过程的浅层次的感受；“染”是人的思想变化，是通过内心体悟，并形成的理性认识，是个体从感性认识

① 时蓉华. 社会心理学词典[Z]. 成都：四川人民出版社，1988.

到理性认识的飞跃，是微观层面上的，对事物和事物变化过程的深层次的体悟；“性”则是事物的本质属性，是事物本身所具有的性质或性能。思想政治教育仪式的“感染”可以理解为，由教育者与受教育者共同参与的，经过精心的组织和设计，运用情境设置、氛围烘托、主体互动等方式，产生具有启迪思想、传递价值等铸魂育人效果的仪式活动过程。思想政治教育仪式的“感染性”意味着思想政治教育仪式具有“感染”的性质和功能，是通过仪式活动让受教育者通过体验过程，被影响、熏陶和感化，形成感性的认知，受到感染、得到教育，最终成为受教育者自身对仪式所蕴含价值的深层次理解与接纳，上升为理性认识，并衍化成为受教育者自身的思想理念、价值追求，乃至升华成行为。“感染”是一个过程，“感染性”是事物所具有的静态的内在属性。而一般所讲的“感染力”则是事物“感染性”的动态的外在表现，“感染性”的强弱决定了“感染力”的大小。

二、思想政治教育仪式感染性的理论依托

第一，思想政治教育仪式感染性脱胎于马克思主义认识论。同任何新的学说一样，它必须首先从已有的思想材料出发。[①] 马克思主义认识论是关于人类的认识来源、认识能力、认识形式、认识过程和认识真理性问题的科学认识理论。辩证唯物主义认识论认为，认识可以分为感性认识（初级阶段）和理性认识（高级阶段）两个阶段，感性认识有感觉、知觉和表象三种形式，理性认识也有概念、判断和推理三种形式。感性认识和理性认识之间是一种建立在实践基础上的辩证统一的关系。思想政治教育仪式感染性是对马克思主义认识论的继承，是感性认识与理性认识的统一。其一，理性认识依赖于感性认识。思想政治教育仪式的设计必然是理性的思维建构，但只有通过对感性材料的提炼、概括，形成概念、判断及

---

① 韦建桦. 马克思恩格斯选集（第 3 卷）[M]. 中共中央马克思、恩格斯、列宁、斯大林著作编译局，编译. 北京：人民出版社，2012.

其构成的理论体系，进行客观扎实的推理，深化对思想政治教育本质内涵的认识，才能建构出符合思想政治教育目标的合理仪式。其二，感性认识与理性认识相互依存、相互渗透。尽管思想政治教育仪式的设计过程是高度理性的，但思想政治教育仪式的实践过程却是高度感性的，这种教育方式并不依赖理性的说服，而是通过仪式中的渲染、互动等，以形象和直观的方式，促进仪式参与者的情感认同和价值内化。其三，感性认识有待深化、发展为理性认识。思想政治教育仪式感染性的作用过程正是由“感”及“染”，也就是从感性认识到理性认识的升华，而“染”的程度也是高度依赖于“感”的基础建构状况的。可见，“感”和“染”的关系就是感性认识和理性认识的辩证统一，这种统一建立在对思想政治教育仪式的实践基础之上。

第二，思想政治教育仪式感染性的提出根源于教育学理论。教育学是思想政治教育理论的知识宝库，为思想政治教育提供了原理和规律，指明了原则和方法。思想政治教育仪式实践只有与教育学的一般规律和原则相结合，吸纳教育学丰富的知识和完备的理论，才能真正认识和把握思想政治教育仪式的规律，建立起思想政治教育仪式及其感染性特有的理论体系。教育学理论要求必须重视人的情感与体验。苏联教育家苏霍姆林斯基指出，如果老师不能够“使学生产生情绪高昂和智力振奋的内心状态”，而急于传授知识，“不动情感的脑力劳动就会带来疲倦”，没有欢欣鼓舞的心情，学习就成了负担。[①] 教育需要重视学生的情感，无视学生情感的教育是不可能取得好的教育效果的。思想政治教育的效果与学生的情感激发有着密切的联系，要使思想政治教育达到好的效果，必须重视学生的情感与体验。诺尔曼·丹森认为，情感处于社会生活所有层次即微观的、宏观的、个人的、组织的、政治的、经济的、文化的以及宗教等的中

---

① （苏）B. A. 苏霍姆林斯基. 给教师的建议［M］. 杜殿坤，编译. 北京：教育科学出版社，1984.

心。[1] 可见，人非草木，孰能无情，社会生活中的各个方面都贯穿着情感的作用。重视人的情感因素，既是加强思想政治教育的需要，也是对古今中外人文教育思想的继承和发展。现代教育学理论为重视环境氛围营造、价值观念渗透和全员参与、全面覆盖的思想政治教育观提供了理论基础。情感是一种潜移默化的精神力量，有了感情的投入，思想政治教育也就不再是“说教式”的了。对学生个体而言，其道德知识是否能够上升为道德观念，主要取决于个体情感的投入程度。思想政治教育应当充分发挥情感的感染和催化作用，覆盖和渗透到各种教学活动、实践情境和各项工作中，使学生在耳濡目染、潜移默化中受到感染和陶冶，唤起受教育者情感上的共鸣，激起思想上的波澜，从而使其自觉地将教育要求转化为内心的信念。而这正是思想政治教育仪式感染性所要实现的教育目标。

第三，思想政治教育仪式感染性的理论是心理学理论的具体应用。心理学研究人的心理规律，是辩证唯物主义认识论的主要科学基础之一，也是构成辩证法知识领域的科学之一。思想政治教育仪式感染人的过程简单来说就是个体从情感体验到内心感悟的过程，感染性的概念更是心理学情绪感染理论的延伸与应用，理所当然必须把心理学作为“感染性”概念的知识来源。人的一切行动都是受人的心理活动支配的，思想政治教育工作在某种意义上就是做转变人的心理的工作。在思想政治教育仪式过程中，任何一个受教育者或教育者都有着复杂的心理活动，个体与他人或群体自然地接触，不断有意、无意地被感染，产生与他人或群体趋同的心理变化，最终与他人或群体达成某种一致的心理。可见，感染性对人的思想认识和行为动作起着巨大的作用。借助对心理学的认识和把握开展思想政治教育仪式，更能够激发仪式的感染性，增强仪式的感染力，提高仪式育人的效果。

---

① （美）诺尔曼·丹森.情感论[M].魏中军，孙安迹，译.沈阳：辽宁人民出版社，1989.

第四，思想政治教育仪式感染性的实践对照了宗教学理论。宗教学综合了哲学、历史学、人类学、社会学等多学科关于宗教的研究成果，以宗教为研究对象，揭示人类社会文化发展的规律，具有丰富的理论内容。作为宗教学研究的重要对象，宗教仪式是一种与信仰相对应的实践，代表了人与神灵交往的基本方式。但由于宗教本身就是一种具有特殊信仰的社会活动，其本质是社会性的，因此，宗教仪式所表达的是隐藏在人与神灵交往的表象下的社会功能与意义。宗教仪式是宗教的实践性要素，能增强宗教信徒自身的信仰。作为宗教活动代表的存在和延续，宗教仪式加强了个人与个人、个人与群体之间的联系，从而更好地维系了社会的存在。涂尔干把仪式或崇拜放在宗教的核心的位置，认为宗教仪式可以形成群体凝聚力的深刻体验，传递群体共享的有关个人、社会和宇宙的观念，巩固社会生活的道德基础。① 涂尔干还提出宗教的神圣性具有高度的传染性，他在《宗教生活的基本形式》中提出了一个与感染相近的词汇“传染”。涂尔干认为，能够以某种图腾为起始点延伸到一切和它有直接或间接关系的物体上，这种传染构成了宗教的整体世界观。“传染”可以说是涂尔干对宗教神圣性理解的核心。与宗教的神圣性相对应的就是宗教的实践性，而宗教仪式是宗教的最重要的实践性要素。作为一种实践性的教育方式，思想政治教育仪式感染性也充分展现出了同宗教仪式相似的功效。关于宗教仪式的人类学、社会学研究，产生了许多具有启发性的理论，如布迪厄的“场域理论”描述了宗教场域的作用原理，即场域构成了人们活动的特殊情境，影响着人的每一个行动。仪式活动本身就构成了一个相对独立的场域空间，这是仪式发挥功效的重要基础。此外，美国社会学家柯林斯从涂尔干的宗教社会学研究出发，提出了“互动仪式链理论”。他将社会上的每一次行动，每一种际遇都看作不同的仪式互动，这

① 冯波. 宗教社会学研究[M]. 北京：中国传媒大学出版社，2014.

些互动经由时间延伸以复杂形式结合起来，形成“互动仪式链”，整个社会都可以看作一个拉长的互动仪式链。这些理论都与我们提出的感染性概念高度相关，仪式感染性高度强调了仪式实践过程中的场域与互动，这些是感染性存在的前提与形式。因此可以确切地说，思想政治教育仪式感染性理论对照和借鉴了传统宗教仪式理论。

三、思想政治教育仪式感染性的主要特征

思想政治教育仪式感染性是感性认知与理性认知的统一，是情境熏陶与主体感受的统一，是以多学科理论为依托的新概念。总结而言，人是一种感情丰富的高级动物，可以通过视觉、听觉、触觉、嗅觉等感知外界环境，形成生理和心理的反应。思想政治教育仪式感染性正是契合了人的本质特点，在入眼、入耳、入脑、入心上更具人情味和感性化，成为一种有效的教育手段。思想政治工作者应该把理论教化有机地贯穿于感染性教育中，通过增强思想政治教育仪式感染性，更高效地完成育人目标，推动思想政治教育向更深层次发展。回顾思想政治教育仪式感染性概念及其所依据的多学科理论支撑，我们可以概括思想政治教育仪式感染性所具有的主要特征：感受直观、方式潜隐、表达艺术、过程自然。

一是主体感受是直观的。思想政治教育仪式的过程是通过主体的眼睛、耳朵、鼻子、皮肤等感官直接接受和感受的过程。仪式将思想政治教育的目标、内容融入这一过程，以直观具体的人或事物为背景，以生动感性的形象为载体，把枯燥的理论、抽象的规律、深奥的语言具体化、感性化，通过互动，运用语言、表情、动作以及其他各种方式引起他人相同的情绪和行为，将思想政治教育主题融入仪式程序的知识性、观赏性、趣味性之中。如升旗仪式中“看”到的国旗、“听”到的国歌、“感受”到的庄严氛围等让参与主体直观接收到仪式所蕴含的价值内容，从而被感染、被启发，提升爱国主义认识。因此，主体感受的直观性是思想政治教育仪式感染

性的重要特征，是践行仪式感染性，实现主体情感体验的路径保证。

二是教育方式是潜隐的。思想政治教育仪式所蕴含的教育内容是潜藏和隐含到仪式的每一个环节、每一个细节中去的，具体是指将所要表达和传递的道德规范、政治观点和价值观念等思想政治教育内容融入特定仪式之中，潜隐到具体的实践活动中。思想政治教育仪式感染性强调在教育过程当中，不仅需要将思想政治教育内容寓于各种仪式活动的开展之中，而且渗透在仪式参与主体间的相互激励与朋辈教育之中，充分运用仪式的特点，利用多种载体、通过各种途径，将思想政治教育内容渗透到仪式之中，在耳濡目染中使学生不知不觉地受到教育。大学生仍然处于世界观、人生观、价值观从幼稚到成熟的成长过程中，通过极具生活化、实践性特点的教育方式，可以使大学生群体以喜欢的形式去接受教育，让道德情感和价值观念真正融入大学生，成为他们的一部分。在仪式参与过程中，借助隐性教育、情绪感染，使学生自然而然地接受教育，提升觉悟。因此，潜隐性是思想政治教育仪式感染性的根本性特征之一，是思想政治教育仪式的育人方式之所在。

三是表达形式是艺术的。这一特性源自仪式活动本身就具有“艺术”的本质。仪式是综合运用各类艺术化表现形式而进行的程序化活动，它以较为形象、艺术化的直观印象，给予参与者感官上的刺激，同时以理性、倾向化的深刻内涵，给予参与者心理上的触动，从而引发受教育者情感上的共鸣，实现对大学生的道德教化、行为引导和价值观教育。在实践过程中，思想政治教育仪式把思想政治教育的内容寓于具体的艺术表现形式中，主要运用情境渲染的方式，营造适当的环境、和谐的氛围；运用艺术化的手法，借助生动的语言、丰富的活动；运用榜样的力量，通过感人的故事、典型的例子等完成各项仪式化程序，使仪式参与者沉浸在艺术化的展演中，自觉地受到情绪的感染，产生情感的共鸣，认同仪式蕴含的价值。表达艺术化的特点能够让仪式参与者乐于敞开心扉接受教育，以开放的心态，自然地接受仪式的熏陶和价值的感染，实现仪式的教育目标，这是思想政治教育仪式感染性的另一重要特征。

四是育人过程是自然的。感染性体现了教育内容与受教育者心灵的多角度触碰，使得受教育者能够亲身经历、直观感受，并形成自己的结论和认识，从而实现最佳的自我教育效果。育人过程的自然性特点强调了思想政治教育仪式虽然需要通过理性设计来实现特定的思想政治教育目标，但其具体的教育过程却是自然而然的，就像病毒的传播一样，在人毫无知觉的情况下实现“感染”，达到教育目的。思想政治教育仪式正是借助各种师生们常见的活动形式，注重以情感人、以情化人和以情育人，使他们在无意识中接受教育，进而认识、理解和认同仪式的价值。相对于刻板的思想政治理论说教，思想政治教育仪式往往可以降低受教育者的心理防线，使其在自然的、愉快的状态下接受仪式所要传达的教育内容，自然而然地受到仪式的影响和熏陶，从而达成思想政治教育的目标。育人过程的自然性是思想政治教育仪式感染性的又一根本性特征，是践行仪式感染性，实现受教育主体情感升华的过程保障。

第五章　思想政治教育仪式感染性的作用机理

思想政治教育仪式通过参与过程中教育者和受教育者可能是主动的、有意识的，也可能是自动的、无意识地形成的彼此之间共同的情绪感受和情感体验，在主体间交互感染、彼此强化，进而产生情感共鸣和价值共识，力图使仪式所蕴含的特殊意义内化为受教育者的价值观，从而实现特定的教育目的。这一特点使仪式在思想政治教育领域具有独特的地位和优势，要发挥这一优势，就必须对仪式感染性的作用机理有深刻的认识和把握。作用机理是对人或事物产生影响的规则和原理，一方面体现了对人或事物产生影响，另一方面指出了产生这种影响的道理与机制，体现了一定的系统结构中的各要素，为实现某一特定功能而形成的内在工作方式，以及诸要素在特定的环境条件中相互联系并产生作用的运行规则和基本原理。思想政治教育仪式是融入特定价值理念、带有特定教育目的仪式活动。本章将从主体的微观视角探讨思想政治教育仪式感染性的作用过程，厘清影响要素、关键环节，以期揭示仪式感染性的作用机理，为我们深刻理解和把握思想政治教育仪式的核心要义与关键因素，并在此基础上开展好新时代背景下的高校思想政治教育仪式实践活动奠定理论基础。

第一节　仪式感染性的作用过程

思想政治教育仪式感染性作用的发生是一个从无到有、从模糊到清晰、从感性认识到理性认识的演变过程。从宏观的视角来看，这一过程是依发生、发展、高潮和结尾，逐一完成各个环节的程序化过程；从微观的视角来看，这一过程是仪式的参与者从被组织参与到主动关注、从自发走向自觉、从离散走向共识的主动构建的过程。也可以说，仪式过程本身是宏观的，但仪式感染性作用的发挥却是微观的。因此，研究仪式感染性必须在微观视角下，着眼于仪式感染个体（群体）的作用过程和感染效果。

一、仪式感染性的影响要素

研究仪式感染性的作用过程首先必须搞清楚影响仪式感染性的要素都有哪些。国外许多学者曾对仪式的要素进行过探讨，影响比较大的是格雷姆斯的研究。格雷姆斯认为，仪式的整体由仪式行动、仪式确认、仪式声音和语言、仪式时间、仪式对象、仪式空间这六个不同的元素构成。[①]这种划分具有代表性，它基本上囊括了仪式所表现出来的一般内容。国内学者对仪式的构成要素也有过一些研究，例如，通过对具体案例的人类

① 彭兆荣. 人类学仪式的理论与实践[M]. 北京：民族出版社，2007.

学考察，研究了具体仪式的构成要素。尽管这些研究各有侧重，但已经可见学界对仪式构成要素的基本概括。但仪式的要素并不等同于仪式感染性的要素，仪式的要素构成解释了仪式的静态结构，并不解释仪式如何产生影响的过程要素，所以，仪式感染性的影响要素是在仪式要素的基础上来进一步阐释仪式如何发挥效用的过程，是一个动态过程的结构要素，要回答的是仪式的效力问题，即影响仪式感染性和思想政治教育仪式效力的基本要件和构成因素是什么，这就要从微观视角下，针对参与仪式的个体（群体）展开研究和讨论。通过第一章的历史性考察和第二章的实证研究，笔者提出思想政治教育仪式感染性的影响要素主要包括仪式的价值内涵、主体与主体之间的关系、程序设计与编排、情境设置与渲染等。

微观视角下的思想政治教育仪式感染性作用过程涉及人类的情感世界，必然离不开心理学理论的支撑，尤其是同样从微观视角关注个体（群体）的情绪感染理论。心理学关于情绪感染的理论中，由联想与学习、模仿与回馈、语言调节联想、直接诱导与认知等机制共同构成的情绪感染机制解释了主体的情绪是如何彼此影响并相互感染的，同时，情绪感染也受到文化、信仰、性别等个体差异影响。情绪感染分为原始性情绪感染和意识性情绪感染，前者是一个无意识的、自动化的情绪感染过程，而后者是一个有意识的、主动参与的情绪感染过程。仪式一般是一种群体性活动，对于这种群体间的情绪感染，心理学研究指出，个体的情绪能够影响群体中其他个体的情绪、行为以及思想，这种影响过程会在群体中的多人之间产生交互，并可以在不断往复中持续增强。心理学关于情绪感染的理论解释了个体间的情绪传递和相互感染过程，剖析了群体间的情绪循环交互和放大效应。从以上心理学的研究成果，我们能够基本认识到感染的过程就是处于群体中的个体，通过情绪感染机制表达、传递情绪和情感的过程。

这一过程在群体间不断产生交互、循环和放大，并实现和统一群体的共同情感。结合前文，我们可以粗浅地理解为情绪情感对应于仪式的价值内涵，群体或个体对应于仪式中的主体，群体或个体间的互动交流对应于仪式的程序设计与编排，群体或个体所处的环境氛围对应于仪式的情境。这些心理学研究让我们更好地认识和理解了人类的情绪感染过程和机制，而这些机制对于高校思想政治教育仪式同样适用。

二、仪式感染性的基本过程

思想政治教育仪式感染性的作用过程与仪式的过程（程序）有着根本的区别和界限，不能混为一谈，必须厘清。首先，仪式感染性作用过程隐含在仪式程序中，但本质上不同于仪式程序。一般所说的仪式程序指的是仪式的流程、活动的过程、会议的议程等，是仪式组织者事先根据仪式内容、时间、人员等要素设定的仪式环节，是宏观层面的步骤、次序等，对象是仪式行动本身。而仪式感染性作用过程更加聚焦在仪式程序中的主体受到感染、情绪情感发生改变的过程，是微观层面的感性变化、理性升华等，聚焦的对象是参与仪式的个体（群体）。其次，仪式感染性作用过程主要发生在仪式场域，但不局限于仪式场域。主体在仪式场域中接收到仪式提供的价值信息，情绪情感受到了一定程度的感染，然而这种感染过程并不因为仪式程序的完结而结束，并不因为主体从仪式现场的离开而结束，它是一个持续的、延续的情感变化过程，其变化过程的场域在主体的内心世界，变化的时间长短取决于仪式感染性的强弱和主体本身的思想、文化、性格、品格等特质，以及后续的其他情境影响。因此，仪式的作用场域最重要的是参与仪式的主体在感受到仪式价值，在脑海中不断回顾和感受在仪式过程中感受到的价值和情绪，并且通过交流互动而不断补充和建构虚拟的仪式场，有时甚至还会产生比仪式活动现场更强的感染效力。

结合心理学关于感染性问题的研究，笔者试图找出思想政治教育仪式感染性作用发挥的基本过程。结合仪式的基本构成要素及其在实践中的感染过程，我们可以在抽象层次上形成仪式感染性作用过程的基本模型。一般而言，思想政治教育仪式是一种教育实践活动，组成仪式活动的连续的仪式行动包含了两个层次的内容：一是仪式的程序和象征性的行为方式；二是蕴含的价值观念或意识形态。当受教育者参与仪式教育活动，并做出仪式行为，执行仪式程序时，就会自发地接受仪式所蕴含的价值观念的影响，形成隐性的、潜在的教育效果。确定产生这一效果的根本原因就在于仪式的感染性，当受教育主体参与到特定的仪式程序中时，在教育者和受教育者之间就共享了一套价值规范，这套价值规范一般是仪式事先设定并隐含在仪式程序中的。在这之中，构成仪式行动的价值和程序，拥有主体间性的教育者和受教育者，主体间的互动，以及互动过程所产生的特殊场域，决定了仪式感染性的大小。当这几个方面同时展开，具有艺术表演性的仪式就会通过自身的感染性，发挥仪式的教育功效。其中，参与主体通过无意识的感知和有意识的感知识别仪式行动的价值内涵，当主体感受到仪式的价值，并因为个体间的模仿反馈、联想学习以及共感表达而产生情绪上的共鸣和情感上的升华。随后仪式的价值已经裹挟于仪式参与主体的主观情感之中，形成了一个循环放大、交互感染的传播场，在仪式参与主体之间不断地壮大与增强，这进一步强化了仪式的感染性作用。最后，参与仪式的主体会自然而然地认同仪式的价值与情感，并不断地向外传播，完成仪式价值的主体内化铸魂。总结而言，“价值识别”“主体共鸣”“情绪强化”以及“内化铸魂”四个阶段构成了仪式感染性作用的基本过程，也是开展思想政治教育仪式需要重视的四个关键环节（如图 5 - 1 所示）。

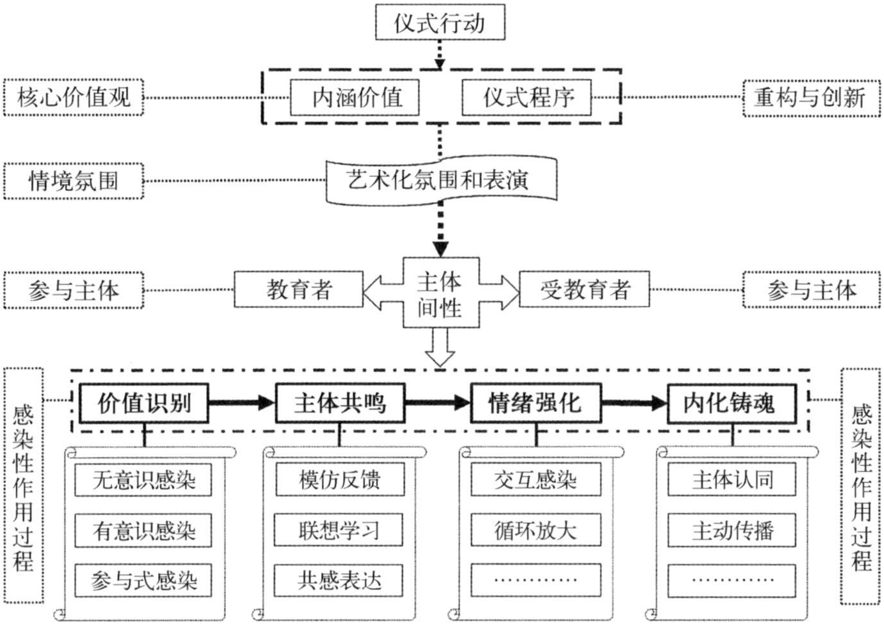

图 5－1　思想政治教育仪式感染性作用过程

第二节　价值识别：仪式蕴含价值的预设及有效识别

思想政治教育仪式感染性发生作用的第一个关键环节是“价值识别”，即对仪式内涵价值的识别。这一环节决定了仪式感染的内容，即仪式向参与主体传递什么样的价值，也就是仪式预设的价值内涵。所有仪式都是具有特定意义和价值的程序性行为，行为的目的就在于传播仪式的价值，将价值融合到参与主体的认知世界中去，这种对价值的感知与认识的过程，我们简称为“价值识别”。现实中一旦仪式参与主体进入仪式场域，参与到仪式程序中，参与主体就共享了同一套意义规范，形成了对仪式价值的感知。

一、价值内涵是仪式的灵魂

马克思和恩格斯指出，统治阶级的思想在每一时代都是占统治地位的思想。这就是说，一个阶级是社会上占统治地位的物质力量，同时也是社会上占统治地位的精神力量。支配着物质生产资料的阶级，同时也支配着精神生产资料，因此，那些没有精神生产资料的人的思想，总是隶属于这个阶级的。[①] 马克思主义是我们立党立国的根本指导思想，也是我国大学最鲜亮的底色。[②] 中国共产党是用马克思主义武装起来的政党，马克思主义是中国共产党人理想信念的灵魂。[③] 可见马克思列宁主义、毛泽东思想、邓小平理论、“三个代表”重要思想、科学发展观、习近平新时代中国特色社会主义思想等无产阶级思想就是当今中国的“精神生产资料”，就是全体国人的理想信念之源，就是广大人民群众的政治信仰和思想“灵魂”，就是高校意识形态工作的根本指向。思想政治教育的核心任务和关键环节，就是对“灵魂”的呼唤，使“入脑入魂”问题成为思政教育范畴体系的关键线索，并成为思想政治教育研究与实践的基本范畴。这一变化能为思想政治教育范畴体系带来新生机，形成新格局。[④] 价值内涵是思想政治教育仪式感染性的核心要素，是仪式的“灵魂”。

思想政治教育仪式的价值是指附着在仪式行动和仪式程序基础上的，在仪式实践过程中表达出来的特定思想政治教育意义，例如，升旗仪式所表达的就是爱国主义教育价值。仪式不仅是特定社会行动的程序集

---

① 韦建桦. 马克思恩格斯选集(第1卷)[M]. 中共中央马克思、恩格斯、列宁、斯大林著作编译局，编译. 北京：人民出版社，2012.

② 习近平. 习近平在北京大学师生座谈会上的讲话[N]. 人民日报，2018-05-03(2).

③ 习近平. 习近平在纪念马克思诞辰200周年大会上的讲话[N]. 人民日报，2018-05-05(2).

④ 李忠军. 关于“灵魂”进入思想政治教育基本范畴的探讨[J]. 教学与研究，2015(11).

合，同样也是价值的集合体，没有价值的思想政治教育仪式就会迷失方向，也就失去了存在的必要。可见，仪式行动并不是无规律的自由行动，而是具有特定意义的规范行动。行动是价值和意义的象征，与仪式行动相关的一切内容都包含特殊的教育意义。例如，仪式活动中的物品、道具、服装、话语、关系、装饰、时间和空间等，无一不是精心安排并体现着教育目标的存在。可以说，仪式就是一系列象征符号的集合。如果将仪式视作整体性的存在，它外在的机能就体现为象征性符号，仪式正是通过建构在行动之上的价值符号来表达意义，从而实现教育作用的。符号是仪式活动的组成部分，符号又和行动相联系，符号与行动的结合使它在社会结构中具有改变内在环境的操作能力，并通过对个体的影响而产生促使社会向某一个方向行进的积极动力。具有象征功能的符号既是社会主流意识形态的浓缩或表达，又可以通过承载符号的艺术化行动对人们的感官产生刺激，从而挑起人们产生符号象征方向的情绪波动和效果。这里需要区别仪式行动与日常生活中的行动的不同之处。首先，仪式行动是社会行动，社会行动区别于独立的个体行动，社会行动是互动性的，是具有“个人—社会—个人”的连续反馈行动。其次，仪式行动是仪式符号的承载单元，是特定范畴、特殊知识系统中符号象征表述，这是区别于日常生活行动的关键之处。仪式中一个简单的行动往往表达着多重意义和价值，整个仪式活动必然是细微价值的整合与积累。可以说，思想政治教育仪式的价值内涵正是通过符号化行动来实现的，仪式通过让参与者在不断接触象征符号的过程中，促发参与者对象征符号和隐藏在符号背后的意义的理解，从而达到教化的目的。这些论证都说明了，仪式行动与程序都代表了特定的价值。

在思想政治教育仪式中，每一场仪式都有意无意地预设了独特的价值内涵和特定的教育意义。以毕业典礼为例，虽然是一种人生成长发展的仪式，但开场一般是奏唱国歌，这一象征符号承载着丰富而深远的爱国主义教育内涵，将学生的毕业、个人的前途与国家的发展、民族的兴衰紧密相连。在大学毕业典礼中，学生们所穿的学位服装和学位授予仪式中的拨穗行为，向学生们传递了毕业的庄重感、历史感和神秘感。通过这种主观的心理作用，会对仪式中的学生产生积极的影响，并激发和满足人们的求知欲望，引导他们承担起大学毕业生所应当承担的社会责任，在产生新的社会身份的同时激发他们踏上人生新征程的兴奋感。其间，毕业生代表发言、教师致辞以及校长讲话都会是必不可少的环节，这些言语既是毕业生踏上人生新征程的肺腑之言，又一定要切合时代的主题、国家的需要，契合社会主义核心价值观的精神要求，从而形成全场的共鸣。正是所有仪式程序共同的价值内涵贯穿了仪式的始终，才使仪式成为一个统一的整体，参与者沉浸在仪式的魅力中，最终使仪式真正感染了人、教育了人。如果我们不理解毕业典礼和学位授予的真正含义，那么即便是场面再恢宏盛大，也会因为没有充分理解其价值而变成一场喧闹的庆祝活动，而思想政治教育仪式的感染性也就很难体现。

由此可见，思想政治教育仪式的价值内涵是仪式最重要的组成部分，是仪式的根本遵循，也是影响仪式感染性的核心要素，只有蕴含价值的仪式行动，特别是旨在传递和弘扬社会主义核心价值观的仪式行动，才是有效的和有意义的教育仪式。总结而言，仪式是行动、程序与价值的统一体，所有仪式程序所规定的行动都承担着仪式价值表达的功能，合理的仪式活动必须把握象征意义与符号行动的对应关系，否则就会出现形式化或者程序冗余的问题，这样就不可能达到传播仪式价值的目的。此外，思想政治教育仪式所蕴含的价值观必须与思想政治教育的要求相统一，要以传播社会主义核心价值观，传播主流意识形态和积极正能量为目标。这些特点要求思想政治教育仪式活动必须保证仪式程序与仪式价值的统一性，要么是经过精心策划和筹备的活动，要么是偶发的但在一定规范指导下的活动。高校思想政治教育仪式正是借由许许多多的行动和程序编织而成的，而其背后体现的就是高校的教育理念和价值观念。

二、价值识别的过程和方式

基于心理学情绪感染理论，在仪式的价值识别过程中，主体有两种方式识别仪式的价值并被其所感染。仪式价值识别的第一种方式是基于原始性情绪感染的“无意识识别”，也就是主体在参与仪式活动过程中，在仪式象征物、环境氛围、艺术化表现形式等的影响下，自然而然地接受、认同仪式价值。这种识别还包括个体间无意识的情感传递、自动的模仿倾向、言行及表情的同步等，形成主体间彼此价值观的碰撞与同化。无意识识别是在参与者的潜意识中进行的，可能并没被参与者意识到，但却实实在在地贯穿于仪式的始终，通过不断强化，使参与者产生对仪式价值的识别和接纳。人为什么能无意识地受到所处场域的影响，以及复制他人的感受与情感呢？心理学对人的无意识行为有着深入的研究。原始性情绪感染理论指出，人们对所处环境或他人的情绪信息的察觉和感知一般都伴随着模仿，这种模仿通常都是无意识的，并且和情绪的诱发因素或者其他主体形成一种几乎同步的反馈。这种模仿和反馈作用于主体，激活主体相同的情绪活动，于是形成了主体对诱发因素的接受、联想和学习，或者产生与引起其情绪的主体相同的情绪体验。原始性情绪感染理论指出，主体情绪受感染的程度与诱发因素的强弱密切相关，诱发因素表现得越强烈，主体的模仿也就越强烈，受感染的程度就越深入。因此，在思想政治教育仪式场域中，代表仪式价值的象征物表现得越好，越有利于主体的价值感知，仪式所包含的价值观念也更容易被感知，反之，则容易使主体产生价值混淆。同时，所有主体处在同一个仪式场域，参与共同的仪式程序，更容易被周围其他人的情绪所影响，通过互动等方式提升现场感，充分发挥组织者的现场主导权，有效调动和控制参与者的情绪感受，对价值识别具有非常重要的意义。

仪式价值识别的另一种方式是基于意识性情绪感染的“参与式识别”，主要强调参与者具有相当的认知能力，能够对仪式的价值有较为明确的认知和一定的认同，并有意识地主动参与仪式行动，并在参与过程中不断感知仪式价值，强化自身的价值认同，甚至积极影响他人识别和接受仪式价值的过程。这一方式的前提是主体能够了解仪式的价值内涵，并且在一定程度上认同和接受仪式的内容。因此，参与式识别是仪式参与主体积极的心理建构，可以说是对自身认知或无意识察觉的情绪的自我建构与放大。只有当主体深入体验，感受和强化仪式的价值，主动将自身的价值观与仪式的价值内涵比较与同化，并将这种价值通过自身的语言、动作、表情等表现出来，才能体验到仪式的价值。这种价值识别方式，既可以是个体的单一行为，也可以是群体的集体行为，而且后者具有更好的效果。参与式识别对提升仪式感染性具有非常重要的作用，因此，必须加强仪式前的宣传引导，让参与者能够事先了解仪式的内容，明晰仪式的意义，提高参与性，在仪式进行过程中聚焦价值，避免形式主义和价值模糊等，深化仪式内涵。

在思想政治教育仪式中，价值识别的无意识识别和参与式识别两种方式经常都是交织在一起的。例如，升国旗仪式中，面对国旗，对国旗行注目礼，看着国旗护卫队迈着整齐划一的有力步伐，听着熟悉的《义勇军进行曲》，感受到身边其他人的庄严肃穆……参与者会热血沸腾、情不自禁地模仿其他人的行动，并唱起国歌，这是一种无意识的状态，潜意识中会涌起对祖国的热爱，对国家的认同，这是一种无意识识别。同时，对升国旗这样具有代表性意义的仪式，多数人都能够认识到其背后隐含的爱国主义教育意义，能够主动接受和参与，如起立、脱帽等，并主动地唱起国歌，融入整体的氛围中，这又是一个主动的参与过程，也就是参与式识别。

正是通过这两种方式，仪式所蕴含的价值才能被参与者深度感知。当然，相较于参与式识别，无意识识别更容易实现，更能发挥潜移默化的效果；而参与式识别则更直接，效果更显著，但实现难度也更大，处理不当还容易产生负面效果。因此，价值识别最理想的实现方式应该是无意识识别和参与式识别的充分合理融合，共同发挥作用。

第三节　主体共鸣：主体间的情绪、情感和价值共振

思想政治教育仪式感染性作用发挥的第二个关键环节是主体共鸣。这一环节是主体间的一种横向感染，是在主体间相互感染、传递价值，形成共同群体认知和仪式价值的过程。仪式的特殊情境能够营造出一种让参与者产生共同情绪、情感和价值的共振场域，产生凌驾于现实世界之上的控制力。参与到仪式行动过程中的主体会不自觉地感知仪式的价值，通过对他人的观察、感知和模仿，产生与群体成员一致的行动、相似的感受，形成对仪式价值的共鸣。这种共鸣实际上是一种认知的心理过程，我们可以借助教育学和心理学的研究成果加以考察。

一、主体共鸣的原则是主体间性

所谓主体是相对于客体而存在的。传统的教育观念认为，教育的主体和客体都是人，可以简单地理解为主体是教育工作者，他们是活动的发起人和组织者，也是具体活动的策划者和操作者，必然在该项活动中处于主导和支配的地位；客体是受教育者，他们是活动的承接人和被组织者，也是具体活动的参与者和具体实施者，必然在该项活动中处于从属和被动的地位。与之相对应的主体性理论认为，主体性是社会实践活动中主

体的本质特性，是主体在与客体相互关系中展现出的自觉能动性与创造性，体现了主体在对象化实践中的特殊意蕴。思想政治教育的主体性就是教育者把主体内涵的思想、属性和意图作用于客体，使受教育对象的思想、认知和行为发生主体所希望的转变。这样的主体性理论将人的存在与活动视为主体对客体的征服和构造，一般仅关注主客体关系，忽视了关于主体本身特性的分析、隐藏在客体背后的主体间关系的讨论以及主体与主体之间的关系。随着教育环境在当代社会发生的变化，以及教育对象主体性的发现，当前的思想政治教育理论对教育主体和客体的定义已然发生了变化。

当前的教育理论认为，建立在主客体分离基础上的主体性理论并不能解决人的本质问题。主体间性既是教育的本体论要求，也是教育的方法论要求。从根本上说，教育的关系是人与人的关系。教育者与受教育者之间不是主客体改造的关系，而是以共同的教育内容设计为客体的主体间的交往关系。教育是教育主体双方围绕教育内容的一个交流对话的过程，个体在相互的言说与倾听中，彼此敞开自己的精神世界，获得精神的分享。相对于教育者和受教育者的共同作用对象——教育内容而言，两者都是教育活动中的主体，扮演着不同的角色，承担着不同的任务和职责。教育的目的是在某种美好意愿的作用下，采取一定的行动，促进受教育者外部与内部行为的某种提升和改变。主体间性超越了主客体关系中的个人主体性理念，是主体与主体之间的相互交往、相互沟通、相互理解的关系。只有在教育者和受教育者之间建立主体间性，才能在平等的沟通和交流中，实现受教育者的提升，与此同时促进教育者的反思，也只有这样，才能真正实现教育的目的。反映到思想政治教育领域，体现为教育者和受教育者不再是传统认识中的主体和客体间关系，而是一种主体与主体间关系，展现的是主体间性。例如，陈秉公认为“在思想政治教育过程中，教育者和受教育者都是主体行为者，都具有主动教育功能，因而都是思想政治教育过程的主体”。[①] 张耀灿、郑永廷、吴潜涛等认为“思想政治教育的教育者和受教育者，都是具有主体性的人，都是教育、教学的主体”。[②] 可见，在思想政治教育活动中，教师和学生之间是主体与主体的关系，而以课程、教材、教育活动为载体的价值观教育内容构成的则是教育的客体。这也就意味着我们在开展社会主义核心价值观教育过程中，学生与老师之间是一种“主体间”关系。如果忽视了主体间关系，即便是再精致的教育客体设计，都将不过是形式主义的存在。主体间性因时代需要而产生，并适应现代社会的发展。思想政治教育仪式本身就超越了教育者与受教育者的主客体关系，尊重“主体间性”对思想政治教育仪式具有重要意义，只有以“主体间性”为基本原则构建仪式组织者和参与者的关系，才能更好地实现主体共鸣。

通俗地讲，在思想政治教育过程中，学生和教师同是价值观的受教育者，下面的例子就是一个很好的说明。在 2017 年华东理工大学的毕业典礼上，该校本科毕业生代表高羽烨同学是一位先天失聪的 23 岁女孩。虽然口齿不太清晰，但她的发言却获得了全场持续最长久的掌声，她的故事更是让很多人感动得潸然泪下。她不但凭借坚强的意志完成了大学四年的全部学业，还获得了综合课程奖学金、国家励志奖学金、亚洲大学生生肖文化创意设计大赛优秀奖、勤工助学工作奖、荣誉学生等多项荣誉，并赴美国加劳德特大学深造。“听障人除了听，什么都能做到。”这是高羽烨的座右铭。现实版《阿甘正传》感动了现场所有人。在这场仪式中，高羽烨虽然是受教育者，但是在仪式现场，所有听到这个故事的人，即便是设计此次仪式程序的人，同样被感动、感染。在这个过程中，无论是现场的领导、老师，还是参与毕业典礼的工作人员，共同组成了一个情感磁场，因为高羽烨的故事而感动，因为她的励志精神而受到教育。在这场毕业典

① 陈秉公. 思想政治教育学原理[M]. 沈阳：辽宁人民出版社，2001.
② 张耀灿，郑永廷，吴潜涛，等. 现代思想政治教育学[M]. 北京：人民出版社，2006.

礼上，无论是教育者还是受教育者，他们共同享有这个故事，因这个故事产生联想和感动，并彼此感染。这种感动的情绪被不断放大，进而提升了仪式的感染效力。

可见，在思想政治教育仪式中，仪式的参与主体，以及通过仪式建构的主体间性，是影响仪式效力的原则性要素，直接影响着仪式感染的效果。只有把握好教育者和受教育者同为主体的原则，所有主体共同参与仪式程序，共享仪式价值，并且形成交互感染的情感共振，仪式才能有效发挥其感染作用。好的思想政治教育仪式必须构建教育者和受教育者的主体间性，这样才能真正激活思想政治教育仪式的生命力。

二、主体共鸣是价值传递的过程

心理学认为共鸣或共情是人们在观察和感知到其他人的情绪时，凭自身的直觉也可以感觉到他人的心理感受，从而理解其外在行为意图的心理过程。很多研究者认为感知他人情绪包括以下过程：观察他人的状态激活了观察者代表相同状态的大脑区域，这种代表观察状态相同形式的激活是由代表该身体状态的大脑区域所感知的，这种被感知的状态被解释或被归因于他人的情绪，以区别于观察者自己的情绪。也就是说观察他人的行为能诱发观察者相似的行为，如观察他人厌恶的情绪能诱发观察者大脑表达厌恶的相同区域。心理学研究发现，主体的情感共鸣可以划分为两个阶段：第一个阶段是情感认知，指在行为过程中对事物基于客观事实，经过感性认识和理性判断，并且被重点关注的部分，如仪式中主体自身所体验到的情感或理解到的价值，就是基于他人客观表现的具体判断和认知。第二个阶段是情感移入，指在行为过程中沉浸于对事物或行为等产生的情感，将自己主动置于该情感中，去体会、理解和推测他人的情感和价值，并在不知不觉中形成与他人共同的情感与价值，也就产生了主体间的共鸣。我们以入党宣誓仪式为例：宣誓之前，所有宣誓人都知道宣誓的目的是什么，宣誓意味着什么；当面对悬挂的党旗（党徽）举起右拳时，感受到庄严的气氛，宣誓人内心难以平静。这是因为他认识到宣誓后自己必须担负起一名党员的责任，履行这份承诺。这正是对宣誓的感性期待和理性认知。随着一句句发自肺腑的誓词从自己和周围人的口中喊出，不断在耳中回响，自然而然地，人们会热血上涌、心潮澎湃，内心得到升华，理想信念变得更加坚定，从而让党的“情感”深刻地烙印在宣誓人的心中，党的“价值”转移成为宣誓人的“价值”。

主体共鸣普遍存在于思想政治教育仪式行动中。仪式通过情感的共鸣，实现价值的传递和认同。主体是否以参与者或被邀请者的身份主动加入仪式之中，是仪式价值得以实现的关键。换言之，只有当主体加入仪式，处于“反结构”的“阈限期”或者“神圣世界”中，融入甚至悦纳仪式所营造的特定氛围和情境之中，主体逐步确认隐藏在仪式背后的“意义”，并“感同身受”，仪式的价值才得以实现。例如，在高校新生开学典礼这一具有代表性的仪式中，普遍有佩戴校徽的环节，这是一种身份确立的过程，也是引发情感共鸣、实现群体认同的一种重要形式。校徽是大学生身份的象征物，具有群体的象征意义。佩戴校徽的过程让仪式的参与者产生生理的情绪反馈，感知校徽佩戴者身份的变化，获得彼此的情感共鸣，实现对群体的认同。佩戴校徽的过程与新生的情绪变化也会引起其他仪式参与者相同的美好记忆，感受相似的人生经历，形成“我们是一所大学的学生”“我们是师兄弟（姐妹）”“我们有共同的母校、共同的校园文化”“我们在同样的教室上课、同样的食堂吃饭、同样的宿舍生活”等诸如此类的联想，从而拉近彼此的情感距离，引发共同的价值。在思想政治教育仪式中，只有主体产生了对仪式价值的共鸣，仪式所蕴藏的价值才真正意义上被唤醒。主体共鸣使仪式价值超越了每一个独立主体的感知而存在，并发挥更具效力的影响。

第四节　情绪强化：个(群)体的情绪、情感和价值强化

在主体共鸣的基础上，思想政治教育仪式的感染性作用借助于主体间的交互感染，通过群体之间的循环放大效应，进一步强化主体情绪感染和情感共鸣，同时在传播过程中强化价值效力和放大价值的影响，加深仪式价值对主体的影响程度，这就构成了思想政治教育仪式感染性的第三个关键环节——情绪强化。这一环节强调的是主体纵向深度的感染过程，注重个体和群体的情绪、情感和价值强化，决定了仪式的价值是否能够对主体产生影响，以及影响的强弱。

一、交互感染过程中的情绪强化

仪式的不同参与主体能够通过彼此间情绪的感染、情感的共鸣，形成一种交互的感染效果，使主体的情绪在交互中得到强化，从而构成了主体间的交互感染。在仪式情感的交互感染过程中，作为传递和传播的内容，仪式价值是与参与主体的情感体验结合在一起的。因而在交互感染过程中，主体体验到的价值既可能是仪式行动所蕴含的客观价值意义，也可能是仪式的其他参与主体表现出来的主观想法。但无论是哪一种情绪或者价值，一般都不会采用强制的手段或者直接灌输的方式，更普遍和有效的方式都是通过某种间接的表达，使参与者感知、接受一种观点、情绪或者行为，并使这种观点、情绪或行为以异常的速度在人群中蔓延开来。在交互感染过程中，参与者的相互认同和情感暗示在很大程度上会激发主体的情绪行为，从而降低参与主体理性行动的可能性。因而在仪式价值的传播过程中，主体间相互的情绪暗示和感染程度越深，某种观点、情绪或

行为就越能够快速传递，并支配整个群体，也就更能发挥情感强化的作用。同时，仪式的情绪强化又是在传播过程中不断循环放大的。在仪式活动中，主体间的交互感染在参与主体中产生循环，一个传递一个或多个，再传递到一个或多个，被传递的主体又会反馈传递者，通过循环往复，在群体间不仅产生交互，而且形成循环传递的效果，使感染力度不断放大，从而增强仪式感染性的作用效果。

在共同的仪式情境中，这种交互感染很多时候都是自然而然发生的，甚至是很普通和普遍的。参与仪式的人们会产生一定的集体情绪，这种集体情绪的表达会借助参与者的互相关注而提高。同时，这种集体情绪可以增强参与者作为仪式主体的主观感受。对此，涂尔干称其为共享情绪，并在《宗教生活的基本形式》一书中进行了阐释。① 最简单的例子就是仪式过程中的鼓掌。除了出于表达礼貌的目的，鼓掌一般具有正向肯定、正面鼓励的象征意义，尤其是仪式过程中自发的鼓掌更具有这种象征意义。当有人带头鼓掌后，周边的人会跟着鼓掌，周边人的周边人也会跟着鼓掌，这种象征意义不断传递出去，并不断感染到参与者。与此同时，周边人的鼓掌对鼓掌者本身也是一种认可、认同和鼓励，鼓掌者本身也必然受到感染和激励。于是，所有参与鼓掌者交互感染，共享并不断强化了鼓掌的象征意义。仪式过程中的欢呼、起立、挥舞旗帜等都具有这种交互感染的强化功能。例如，在毕业典礼上，看到身边的同学穿着学位服，学生自己会不断得到暗示——自己也穿着学位服，意味着自己即将毕业，告别母校，告别老师、告别同学，踏上一段新的人生旅途，开启人生新的篇章。每个穿着学位服的个体都是一个“传染源”，不断向周边同学传递着“毕业的情感”。这样的例子还有很多，一个仪式给参与者的印象是否深刻往往就是由交互感染的程度决定的，因此，交互感染过程中的情绪强化

① (法) 爱弥尔·涂尔干. 宗教生活的基本形式[M]. 渠东，汲喆，译. 上海：上海人民出版社，1999.

是决定感染效果强弱的重要因素。

二、重复感染过程中的情绪强化

除了人与人之间的横向传染，情绪在纵向上还会不断积累，并形成不断的循环强化。也就是对主体不断重复强化同样情绪、情感和价值，使主体在一次又一次的经历后得以适应、习惯、认同和悦纳。这种重复感染有过程，一种是不断重复同样的仪式，如每天、每周都重复进行的升国旗仪式，很多仪式的开场都要起立并奏唱国歌，都是为了不断对个体传递的爱国情感；另一种是在同一个仪式中安排不同的环节，重复传递同样的价值内涵，比如，在军训的分列式操演仪式中，利用特定的口号、统一的行为、隆重的氛围等，强化军训学生对军旅文化和爱国情怀的体验，并通过集体行动，在学生群体中形成循环和放大，激发学生的共同情感和潜在动能。可见，重复感染过程的情绪强化是一个累积的过程，通过一次次的重复情感传递和体验，达到厚积薄发的效果。只有通过这样的个体（群体）情绪强化过程，才能最终实现主体“内化铸魂”的效果。

此外，重复感染过程还是一个不限于仪式场域的可延伸扩展的过程。比如，仪式前的宣传动员就是对仪式感染的一个前置延伸，可以让参与主体事先就对仪式有一定的了解，并产生一定的心理预期、主动情绪和价值期待，为仪式感染性的作用起到铺垫。再比如，主体在仪式结束后看到关于仪式的新闻报道，就会激发主体对仪式的情绪体验，甚至重复在仪式现场的情感体验。在传播学对情绪传播的大量研究中，就指出了传播对情绪强化和情感认同的作用。传播能够将仪式所产生的情绪持续、重复地传递给个体，使个体的情绪不断得到增强和巩固。同时，传递相同价值观念的不同仪式对个体而言也是一个重复感染的过程，如升国旗仪式、国庆庆祝仪式等传递的都是对爱国主义的情绪强化，因此，一个仪式可能因程序设定而结束，但该仪式的情绪强化功能却可能会延续很长时间。此外，个人的情感体验，不仅可以存在于自身，存在于个人的人际交往中，甚至于可以扩大到更广阔的层面。仪式的情绪也可以在这种交流中得到强化，当然这种交流不仅是正向的强化，有时也可能是反向的弱化。通过传播和交流，个体心理体验的情感和仪式价值，很容易演化成为群体成员共同的心理体验、情感特征和价值追求。因此，提升思想政治教育仪式感染性作用效果的关键，实际就是主体间循环往复，不断强化主体的情感传播和价值共鸣。

与此同时，我们还不得不强调，在互联网群体传播时代，情绪和情感的传播更加便捷，个体的情绪或情感更加容易借助于互联网的传播演变成为某种社会的共同情绪或情感，因而这也为互联网时代的思想政治教育仪式研究提供了平台。

第五节　内化铸魂：仪式价值在主体中的转化内化

思想政治教育仪式感染性的最后一个关键环节为仪式价值在主体内心的转化，被称为“内化铸魂”。概况而言，“内化铸魂”就是主体自身坚定信仰、铸塑价值、凝练精神的微观世界改造过程，既是思想政治教育仪式感染性作用的价值内化过程，也是思想政治教育仪式最终目标实现的过程。仪式的“内化铸魂”根据程度不同，可以大致分为价值认同和价值传播两个层次。

一、价值认同：仪式价值的固化融入

“内化铸魂”决定了能否将仪式的价值真正融入学生的灵魂，实现仪式的价值和意义，其最基本的要求就是得到仪式参与主体的价值认同。

李忠军指出，马克思主义理论中的“灵魂”主要是指“具有自我目的性的社会意识”。他强调，铸育思想灵魂是意识形态的本质要求，不同的意识形态可以铸造各异的思想灵魂。作为意义世界核心的“信仰”、作为观念世界核心的“价值”和作为情感世界核心的“精神”构成意识形态的核心内容，即意识形态之魂。① 思想政治教育仪式经过了价值识别、主体共鸣与情绪强化三个关键环节，仪式所蕴含的信仰、价值和精神逐渐被主体所认同，并在对主体“灵魂”的不断冲击、强化中固化下来，最终融入主体的价值观，此时仪式的感染过程也就基本完成了。

仪式的参与主体对仪式程序和价值的认同是一个仪式主体不断整合、内化的过程，参与仪式的主体会运用大脑所感受到的仪式价值以及仪式情感的信息，对自身既有的规范、观念和价值进行归纳、整理、融合，进而重构自身观念的活动。虽然仪式的价值是客观的，但每个人重构和内化的程度却是因人而异的。在这一层次，会产生几种不同的情况和效果：比较理想的是主体知识结构、价值观念和思想认识与仪式所蕴含和表达的价值相一致，此时，主体更愿意接受仪式的情感信息，更容易认同仪式的价值，更积极地将仪式的价值融入自身的价值观念；比较困难的情况是主体知识结构、价值观念和思想认识与仪式所蕴含和表达的价值存在差异，甚至于有矛盾冲突，此时，主体可能产生两种结果：一种是接受。接受仪式的价值，用仪式的价值改变甚至重构自身的价值观念，这是比较理想的结果，同样能够达到仪式的目的。另一种结果是抵制或者回避。抵制（回避）仪式的价值，用自身的价值观念抵制（回避）仪式的价值，在这一过程中主体可能更加强化了自己原有的价值观念，这是一种与仪式的初衷完全背离的、非常糟糕的结果。

仪式感染性作用在此阶段的最基本要求就是促进“接受”，避免“抵

① 李忠军. 中国梦・社会主义核心价值观・中国精神三位一体的铸魂逻辑[J]. 社会科学战线，2015(6).

制”，实现“认同”。也就是说，无论主体本身是何种情况，都应以让其接受仪式的价值，形成价值认同为目标。在特定的情境中，各类象征性符号被情境赋予意义之后，主体会自发地“接受”（遵从）或者“抵制”（回避），在特定情境中完成微观的仪式互动，戈夫曼将其称为“遵从仪式”和“回避仪式”，通过与情境的互动，可以确立社会的神圣性和禁忌。① 仪式的组织者一定希望更多地创设遵从仪式，减少甚至避免回避仪式。显而易见的是，通过合理的价值蕴含、程序设计和氛围营造，提升仪式的互动性，发挥仪式情境的互动功能，必然有助于促进主体接受和遵从。通过思想政治教育仪式感染性作用的发挥，仪式的价值认同会变得更加容易，而这也正是仪式感染性的重要意义和价值所在。因此，从感染性视角衡量一个仪式的优劣，不是看仪式本身是否盛大、隆重、华美、精致、规范、严格等，甚至于不仅看仪式是否让人感动、印象深刻，而应考察仪式参与个体是否有所感悟？感悟的内容是什么，是否与仪式预设的“价值内涵”相一致？感悟的程度如何？也就是说，“内化铸魂”的程度是衡量仪式成功与否的关键。

二、价值传播：仪式价值的巩固升华

“内化铸魂”在高级阶段的表现就是主体能够主动参与仪式的程序，积极传播仪式蕴含的价值观念。作为“行动中的信仰”，仪式不仅能展现和传播特定的信仰或价值观念，而且能增进人们对特定信仰或价值观念的主观认同并履行与之相关的规范和责任。② 可见仪式不仅通过自身的组织程序展现特定的价值，同时也希望通过一定的方式实现更大范围的价值传播。仪式的价值经过主体的建构而成为自身观念的一部分后，主体就会主动传播仪式蕴含的价值观念，并积极参与仪式活动。这样，主体

① 孙友发，董朝．网络新闻的互动仪式与受众社会认同：以魏则西事件为例[J]．新闻界，2016(19)．

② 张伟．论社会主义核心价值观的仪式化传播及其实践[J]．湖南科技大学学报（社会科学版），2019(2)．

不仅是仪式中的受教育者，更是仪式内外的教育者，不仅使自身的价值观念得到进一步巩固和升华，同时也成为仪式价值的传播者。例如，一场激动人心的仪式结束后，参与仪式的学生回到宿舍就会兴奋地向室友讲述仪式的过程，讲述自身的感受。这种讲述不仅是客观描述，也是经过参与者的再加工、再过滤的，其所表述的“价值内涵”绝大多数是具有倾向性的，也就是本身认同的。于是，一方面参与者本身巩固了仪式上的收获，另一方面，也使仪式的价值在室友中、同学中，甚至更广泛的范围得以传播。这种价值传播伴随着自媒体的广泛应用，变得更加便捷、快速、广泛，更加值得教育工作者关注。

教育活动本身就是一种传播活动，没有传播就没有了教育，没有了人类。因此，作为教育的一部分，思想政治教育仪式必然也具有价值传播的功能，而这一功能的实现不仅是通过一般意义上的新闻宣传实现，还包括参与仪式主体的传播。柯林斯指出，高度的相互关注，即高度的互为主体性，跟高度的情感连带——通过身体的协调一致、相互激起/唤起参加者的神经系统——结合在一起，从而导致形成了与认知符号相关联的成员身份感；同时也为每个参加者带来情感能量，使他们感到有信心、热情和愿望去从事他们认为道德上容许的活动。[①] 例如，在大学生入党的过程中，只有将共产主义的信仰和价值内化为自己思想观念的一部分，将入党宣誓等各类仪式中的价值作为自己的信仰不断巩固、加深，同时通过誓词传播信仰的声音，并在仪式之后，以自身言行践行入党誓词，以一名合格的共产党员身份学习、生活和工作，才能言行合一、不忘初心、服务人民、树立党员形象、传播共产主义信仰。通过“内化铸魂”，不仅主动地“信马”“学马”“懂马”，还实现了“传马”。同时，受教育者主动去传递、传播仪式所包含的程序及其价值观念时，也进一步实现了“内化铸魂”和自我升华。

① （美）兰德尔·柯林斯．互动仪式链[M]．林聚任，王鹏，宋丽君，译．北京：商务印书馆，2009．

第六章　感染性理论视域下高校思想政治教育仪式的建构规范

仪式并不是一成不变的传承，更重要的是结合时代特点的创新与建构。中国素有“礼仪之邦”的美誉，中国社会几千年的治理经验说明，维系社会稳定，保持社会整体性的主要力量，既不是依靠林林总总的律典，也不是依靠宗教，而是以礼仪和道德为核心的社会伦理和文化观念。作为一种意识形态，礼仪文化影响着中国社会生活的方方面面，是贯穿整个中华传统历史发展的关键，也是维护庞大的国家统一和社会稳定的最重要支撑，不仅维系着社会文化的延续，更是推动社会发展的关键力量。然而，随着传统社会向现代社会的变迁，社会组织形式正从传统的农耕文化转向工业文明，现代社会中的礼仪文化在社会发展中的核心地位和关键作用正在急剧减弱。这导致仪式正在被慢慢遗忘，仪式的形式和种类日益减少，仪式异化以及扭曲的现象屡见不鲜。尽管在高校教育教学过程中，还保留着一些思想政治教育仪式，但这些仪式往往空有其表，即使看起来盛大、恢宏，但也因为丧失了仪式的教育价值和意义而显得空泛、模糊和抽象，出现了不同程度的形式化、刻板化和神秘化倾向。这些缺乏实际教育意义和效果的仪式教育方式，既是学校仪式教育功能弱化的原因，也是高校思想政治教育仪式面临的现实困境。

从根本上讲，仪式天然所具有的思想政治教育功能与价值观教育的需要是学校教育仪式存在和发展的依据，只有能发挥思想政治教育功能的仪式才是有意义和价值的仪式。我们研究思想政治教育仪式感染性的问题，最终的落脚点还是思想政治教育功能的实现。因此，如何有效建构高校思想政治教育仪式体系并充分发挥其教育功能成为摆在我们面前的重要课题。只有弄清楚思想政治教育仪式体系建构的基本规范和重点内容，才能使高校仪式活动和思想政治教育功能达到有机统一。在本章中，笔者尝试通过理论探讨和个案实践，来探索如何建立符合新时代特点和教育规律的高校思想政治教育仪式体系。

第一节　仪式建构的核心：融入社会主义核心价值观

意识形态工作是党的首要工作。作为大学生思想政治教育的重要载体，思想政治教育仪式的根本目的就是对学生进行思想政治教育，占领高校意识形态阵地。就我国当前的教育环境而言，社会主义核心价值观教育从普遍意义上可以简单理解为价值观教育。因此，在思想政治教育仪式中融入社会主义核心价值观是“当然”的要求，这也是思想政治教育仪式体系建构的核心。任何思想政治教育仪式在设计和开展之前必须明确其教育意义所在，明确所要蕴含和实现的社会主义核心价值观内容，并据此确定仪式的主题、程序、情境等。

一、价值观的融入是仪式价值从“应然”转向“实然”的现实要求

价值观的融入必须从“应然”转向“实然”。在仪式实践过程中,持续系统、科学、规范地开展仪式活动,高效地实现思想政治教育的目标并不容易。究其原因,在于大多数教育者在开展仪式活动时,都是出于“应然”的设计,而忽略了仪式的“实然”状态,这既源自陈旧的教育观念,也在于缺乏对思想政治教育仪式规律的深入研究。思想政治教育仪式在开展过程中还存在着各种障碍,仅就仪式的价值融入而言,主要面临三个障碍。一是仪式形式与内涵的矛盾。形式和内容应该统一于仪式行动的过程中,但二者又在仪式的实践过程中存在着现实矛盾。一方面,大多数仪式组织者乃至参与者往往容易强调仪式的形式而忽视仪式的内容,主要表现为对仪式程序设计、仪式场面的过分关注,以及对每一个过程所要表达的教育目标的忽视;另一方面,过于注重仪式的内容而脱离仪式的形式,主要表现为不重视仪式象征性过程的设计,而是类似灌输式的仪式设计,使仪式失去了应有的“魅力”。特别是前者在教育实践中更为突出和普遍,其危害也更大。特别是在当前,高等教育管理体制中呈现出一定的行政化倾向,学校的办学活动往往更多地体现权力思维和某种行政化逻辑,思想政治教育仪式也难免受这种风气的影响,在实践过程中呈现一定扭曲的形式化和格式化。例如,不管是什么仪式,总是先考虑领导的感受和关注点,这造成的结果就是很多大型仪式活动往往空有规模,声势浩大却让参与者感到厌烦。二是西方文化对仪式价值的解构。改革开放 40 多年来,我们在积极融入世界文化的进程中,也产生了诸多价值观念、思维方式甚至是道德上的困惑。许多与主流价值不一致的说法和理论散布在社会和校园,并且对主流的世界观、人生观、价值观等产生解构的作用。思想政治教育及其价值取向所受到的影响首当其冲,西方意识形态和价值观念对思想政治教育的影响也影响了仪式的价值内涵,这是社会主义

核心价值观融入思想政治教育仪式的一大挑战。三是仪式传统性与现代性的对立。很多思想政治教育仪式都源自传统文化的仪式。在中国悠久的历史中，这些仪式，特别是一些经过历史检验、源远流长的仪式，具有丰富的人文价值和道德意义，这些仪式不仅能够传承传统优秀文化，还能够平衡现代社会发展带来的一些不利影响。但是，由于教育发展变迁以及现代性不断深入等原因，现代的教育仪式活动往往在传承性上有所欠缺，对传统优秀道德观念和先进文化的吸收与借鉴存在不足。再加上现代社会的发展和科技的进步使现代道德教育承载了太多的外在目的，人的自我创造、自我发展和自我实现的内在目的往往被忽视，人的道德、价值、文化、情感体验和生活意义等也不断地被遮蔽和挤压。在现实生活中，我们很少看到既可以承载传统道德和文化价值，又能够真正植根于现代生活的教育仪式。正是这一问题使仪式的价值内涵显得不足。正是基于这些障碍，我们更要在新时代思想政治教育仪式体系的建构中注重社会主义核心价值观的融入，彰显仪式的价值内涵和政治本色。

二、价值观的融入是仪式形式服务于内容的根本要求

所有的仪式程序规定的行动都应当承担仪式的价值表达功能，否则就会出现仪式过程的形式化或者过程冗余的问题，反而会影响仪式所蕴含价值的传播。运用仪式开展思想政治教育，首先要明确不同类型的教育仪式所要表达的核心思想，而非空泛的口号或标语，仪式所蕴含的价值观也必须符合思想政治教育和社会主义核心价值观的要求，传播积极的正能量。如 2008 年汶川地震发生后，全国各地举行了各种哀悼仪式。在这些哀悼仪式中，主办方进行了同舟共济、众志成城、相互帮助理念的“人本精神”的宣传，虽然是暂时性的仪式，但因为对仪式价值的重视，获得了很好的教育效果；还有在天安门广场的升国旗仪式中，国旗护卫队的标准化仪式程序给观众带来的庄严感和隆重感，让全体参与升旗仪式的群众

行注目礼，并共同营造深厚的“爱国情怀”。面向新时代，我们需要在仪式建构中不断融入社会主义核心价值观，并且发挥主流价值的决定性作用，这也是推动社会主义核心价值观进课堂、进教材、进学生头脑的重要组成部分。这就要求在教育活动中开展的所有仪式都要注重仪式程序与价值的高度统一，确保每一项思想政治教育仪式都能够实现预期的教育目标。

三、价值观的融入是仪式价值与程序重构的时代要求

仪式自古以来都与人们的生产、生活高度相关，相互交融，并逐渐演变为人们日常生活的重要内容。人们把仪式引进到了历史文化和社会生活，也可以说是仪式把人们引进到了历史文化和社会生活。因此，人的一生都是在仪式中度过的，这将仪式的范围扩展到了日常生活领域。党的十八大以来，面对新形势下的高校宣传思想工作改革与创新的要求，仪式与思想政治教育呈现出日渐融合的新常态。增强思想政治教育仪式的感染性，尤其是提高仪式创新和建构的自觉性、主动性，是思想政治教育在新时代的迫切要求。在当前的思想政治教育改革中，思想政治教育仪式正面临和进行着价值引领与程序实践的双重建构。我们既要在对国外的批判性引进借鉴和对传统的继承性创新学习基础上，把转型期各种社会关系、权利义务、伦理规范和价值观念重新系统化为新的仪式理论，又要在习近平新时代中国特色社会主义理论引领和指导下，把社会主义核心价值观融汇或重塑成新的仪式实践形式。以近年引发热议的毕业典礼为例，大学毕业典礼本身就是“舶来品”，很多内容、形式均来自欧美国家。近些年来，作为一种非常重要的教育仪式，毕业典礼得到了广泛重视，这无可厚非。但细细品味这些毕业典礼的形式与内涵，我们会发现很多都是简单地照搬照抄，既缺乏对原有形式内容的深刻理解，也缺少与中华优秀传统文化的有效融合，同时，社会主义核心价值观等时代文化元素的融

入也有待加强。因此，很多高校都在积极推动毕业典礼的创新重构，而这些创新举动也很容易被社会关注。

第二节　仪式建构的原则：尊重教育者与受教育者的“主体间性”

尊重和处理好参与仪式的教育者与受教育者的主体间关系是思想政治教育仪式体系建构所必须坚持的原则。“主体间性”是当前思想政治教育的重要特征和本质属性，是适应教育需求和时代需要的理论总结。思想政治教育仪式所呈现的主体间性正是影响仪式感染性发挥作用的原则性要素。在思想政治教育仪式中，所有参与者共同构成了仪式的主体，一旦仪式启动，身处仪式场域的所有主体，无论是受教育者，还是教育者，或者是发起仪式活动的领导者，都是平等的关系。所有主体之间因为共同的仪式程序，感受到共同的仪式价值而产生共鸣、相互影响、相互感染，最后形成相互教育的效果。

一、尊重主体间性必须尊重学生的主体性

从理论脉络上讲，“主体间性”这一概念首见于胡塞尔的《笛卡尔式的沉思》，他认为世界上既存在着“自我”的“思我”，也存在着他人的“思我”，“自我”的“思我”与他人的“思我”认识的对象是相同的，从本质上看是一致的，强调用“主体间性”取代传统的个人主体性。① 胡塞尔把“主体间性”看成“自我”与社会“他我”的沟通，是在社会实践活动中形成的认识的共通与共同。基于“主体间性”理论，学生在思想政治教育活动中会产生

① （德）埃德蒙德·胡塞尔．胡塞尔选集[M]．倪梁康，选编．上海：上海三联书店，1997．

两种主要关系：一是学生与思想政治教育内容之间的主客体关系，学生在处理与教育客体关系的活动中不断建构了自我的认识；第二种关系是学生和教师的关系，体现为以共同的教育内容为媒介的主体交往关系。学校教育只有以学生为中心，聚焦学生的发展，尊重学生的自主性，把握学生的思想行为规律，满足学生的真实需要，最大限度地调动学生的积极性，发挥学生的主动性，激发学生的创造性，才可能是有效的教育。但是，值得反思的是，由于延续了传统的教育观念，以及缺乏恰当的教育载体，思想政治教育在大多数情况下仍然停留在教育者和受教育者的主客体关系之中，这大大影响了教育的育人效果，而思想政治教育仪式恰恰可以有效地构造基于“主体间性”的个体关系。

开展思想政治教育仪式的目标归根结底是人的发展，这不仅是仪式建设的前提和出发点，也是仪式建设的落脚点。学生既是仪式活动的参与者，也是仪式价值的承载者，学生的成长成才是教育仪式的核心目标，要立足实际，贴近学生，围绕学生，从学生的实际特点出发，设计教育仪式活动。因此，主体间性的首要要求就是尊重受教育者的主体性，也就是尊重学生的主体性，就是要以学生的发展为出发点，把握学生的实际需要和思想行为规律，最大限度地调动他们的积极性和创造性。从仪式的产生过程和发展变化规律来看，仪式是人们社会生活的产物，与人们的日常生活联系最为紧密，因此，思想政治教育仪式要想取得良好的效果，就必须坚持走群众路线，坚持“从学生中来，到学生中去”的工作方法，深入学生的日常生活中去，深入学生群体之中，真正了解和掌握学生的生活状态，把握学生的思想状况。只有尊重学生自主性、培养学生创造性、突出学生发展性，才能真正实现教育的突破。在学校仪式教育过程中，我们既要有约定俗成的“官方”仪式，也要充分发掘民间的、学生自发创造的生活化的、娱乐化的仪式，并在这些仪式当中注入教育的理念和价值。实践证明，这种学生充分发挥了自主创造性的仪式活动，往往更能让他们受到感染，其影响往往最为深刻。因此，学校必须结合自身特色开展仪式活动，把深入学生、了解学生、教育学生作为仪式建设的一项重要原则，了解和把握学生的学习、生活、交往的规律和心理特点，关注学生的实际情况，激发和尊重学生的主体性，把思想政治教育仪式建立在学生真实生活的基础上，切忌脱离学生的形式主义。

二、尊重主体间性必须把握师生的平等性

海德格尔认为，每个个体的“此在”中渗透着他人与世界，“此在”不可能单独存在。“共在在生存论上规定着此在，此在之独在也是在世界中共在。”[①]他将“主体间性”看作自我与他人的共在，这是一种本体性的存在论，体现了自我与他人在生存上的联系。哈贝马斯将与“主体间性”相关的理论引入日常生活中，认为主体间性是生活世界的基础，主体间性存在于日常的交往活动中。哈贝马斯指出，主体间性就是人与人在语言交往中形成的精神沟通、道德同情、主体的相互理解和共识。[②] 主体间性强调人与人、主体与主体之间共享价值规范和客体内容，因而，学生和教师的关系体现为一种主体与主体间的交往关系，这一层关系是以共同的教育内容为媒介的平等的关系。只有尊重“主体间性”，才能更好地处理学生与教育内容之间的关系，学生和教师在平等的互动沟通过程中，将价值观作为教育对象，潜移默化地内化到彼此的价值体系中。

改革开放和市场经济的推进为人们追求独立人格和发展机遇提供了广阔空间，人与人之间从相互的依附关系，逐步转变为自由独立的合作关系，这也使人们的主体性和创造性都得到了前所未有的解放和发展。伴随着现代性的不断深入以及全球化和信息化的到来，文化的碰撞和价值

① （德）海德格尔.存在与时间[M].陈嘉映，王庆节，译.北京：生活·读书·新知三联书店，1999.

② 张耀灿，郑永廷，吴潜涛，等.思想政治教育学前沿[M].北京：人民出版社，2006.

的多元，以及知识获取的便利性，都使教育者和受教育者之间的关系发生了重大变化，有时候学生甚至是老师的“老师”。对于这种关系的转变，许多老师还接受不了，但实际上，这种关系正在促进教师与学生的共同进步。一名只会隔着讲台与学生交流的教师是不可能了解学生内心真实想法的，而不了解学生真实想法的人，也就不可能成为真正的教育者。教育者既要引导人、教育人，又要关心人、尊重人，只有这样，才能够真正成为学生的良师益友。因此，在学校仪式建设中，坚持“主体间性”原则，就必须尊重学生和教师的平等性，尊重学生的创新精神，树立平等育人、共同进步的理念，建立和完善促进共同发展的教育评价体系，让教育者和受教育者在共同参与仪式的过程中，彼此感染、相互影响，共同受到仪式价值的感召，实现双方的共同进步。

第三节　仪式建构的关键：创设完善的仪式程序和情境

创设完善的仪式程序和情境包括诸多方面，从仪式目的的明确到关键环节的厘清、从合适时间到适宜空间的选择、从对象范围的划定到仪式程序的设计、从环境氛围的营造到流程管理的把控、从参与者积极性的调动到活动高潮的控制等，都是需要在仪式情境中加以关注的。结合对思想政治教育仪式感染性主要特点的分析，除了关注仪式程序设计，笔者将重点关注仪式情境的营造渲染和互动环节的设计。

一、合理的程序设计是仪式目的得以实现的根本保障

《现代汉语词典(第六版)》将仪式解释为“举行典礼的程序、形式”，这在一定程度上说明了仪式程序设计的重要性。可见，仪式就是具有特定

意义的程序，是一个被规定了的艺术实践。仪式的程序构成了仪式的基本结构。仪式所包含的一切功能性后果，都必须蕴藏于仪式的特定行为的程序之中，否则就不可能构成仪式。仪式的程序是仪式的重要组成部分，也是影响仪式效力的关键因素，是仪式感染性作用发挥的关键所在。在当前的研究中，虽然没有明确提出仪式程序的概念，但有学者将仪式的要素定义为具有行政性意义的符号，而其中具有操演符号化的行为，实际上就构成了仪式的程序。参与者在仪式实践中使用的语言、表达方式、姿态、情绪等符号经过特定的程序串联，就将生成仪式的行动链，并将产生仪式的功效。

仪式是“程序”和“形式”，但不能形式化，更不能形式主义。如前所述，仪式的所有规定行动都应当具有共同的意义和价值，但与此同时仪式程序中的每一个环节也都有自己独立的意义，如果这些仪式行动安排得不合理，就可能无法达到预期的效果。仪式的形式主义体现了仪式教育活动的异化，仪式只是用一种纯粹化了的形式表现出来，仅体现了仪式的程序和“外壳”，而缺乏仪式的内涵与象征意义。在教育仪式活动中，如果不把握仪式感染性的内在机理，而只是不断机械性地重复各类历史上遗留下来的程序，为了完成任务而开展仪式，那么仪式的价值就会逐渐被淡化，仪式因为缺乏内涵而变成空洞的形式。仪式脱离学生的生活世界和心灵，不仅不会促成学生形成共同情感，实现思想政治教育的效果，反倒会引起学生的反感和抵触，最后被学生理解为“走形式、走过场”。对于仪式的形式主义，笔者已经在前文实证研究部分有所交代。有些时候，学校还会把常规仪式视作完成一项任务而开展的管理行为，虽然也经过了周密安排，但目的在于管理而非教育。当仪式活动的实施只为了实现秩序上的规范化和形式上的壮观，仪式所关注的是台上的领导而非学生时，仪式就是一种形式，这不仅造成了教育资源的巨大浪费，还会产生形式主义的不良效果，让学生对老师的行为产生疑问。

有效的思想政治教育仪式必须有合理的程序设计。思想政治教育仪式都有着特定的程序，这些特定的程序彰显了其特定的意义与价值。例如，大学中的学位授予仪式一般包含着奏唱国歌、教师代表致辞、学生代表发言、为全体毕业生拨穗正冠、领导讲话等固定程序。这些程序大多是因循旧制，也有一些是别出心裁的创新，每一个流程都有其蕴含的意义，而这样完整的程序就构成了仪式的基本形态。笔者在研究过程中参与了华东理工大学 2017 年毕业典礼暨学位授予仪式的策划和实施，下面以此为例来说明仪式程序的重要性。该毕业典礼一共包含 12 项议程，正是这 12 项议程被串联为一个特定的程序后，共同构成了毕业典礼（见表 6－1）。

表 6－1　华东理工大学 2017 届毕业典礼暨学位授予仪式议程

序号	议　　程	特 定 意 义
1	全体起立，奏唱国歌	爱国主义教育
2	副校长宣读学位授予决定	标志着学业结束和学习成果
3	党委副书记宣读优秀毕业生的表彰决定	树立榜样标杆
4	本科生代表发言	同辈教育，不同学生从不同角度抒发情感
5	留学生代表发言	
6	研究生代表发言	
7	毕业生向教师代表、家长代表、校友代表和管理服务人员代表献花	感恩教育，增强母校归属感
8	校友代表发言	朋辈教育
9	校领导为毕业生拨穗正冠并颁发学位证书	毕业，新的人生即将开始
10	校领导为赴基层就业学生佩戴大红花	爱国、奉献教育

续 表

序号	议　　程	特定意义
11	校长讲话	长者教诲(人生哲理、价值观融入)
12	全体毕业生毕业宣誓	社会主义核心价值观教育

毕业典礼以具有爱国主义教育意义的奏唱国歌为开端，通过宣读“学位授予决定”宣告学生学业的完成和学习的成果；通过宣读“优秀毕业生表彰决定”为毕业生树立学习的榜样，引导学生立志成长；通过学生代表的发言共同回忆校园生活，表达对母校、老师、同学的眷恋，对父母、老师和国家的感恩，并以向老师、家长献花的形式凝聚和抒发学生的情感；通过校友代表发言进行朋辈教育，帮助毕业生认识社会，了解象牙塔外的生活，为毕业生树立标杆；通过校领导为毕业生拨穗正冠并颁发学位证书，正式宣告学习生涯的结束，新的人生即将开始；为赴基层就业学生佩戴大红花则是为了响应国家号召，鼓励大学生到基层就业，到祖国需要的地方就业，培养全体毕业生的爱国主义精神和服务社会、回馈人民的情怀。校长以《与华理同行·为祖国添彩》为题进行讲话，希望毕业生牢记使命、不断学习、有责任担当，与华理同行，为祖国添彩，做有志、有为、有德的华理人。这是长者的教诲，富含人生哲理，是生动的社会主义核心价值观教育。最后一项议程是本次毕业典礼的创新之举——全体毕业生毕业宣誓：“无论将来我从事何种职业，身在何处，走向何方，都将不负母校的期盼，恩师的厚望。志存高远，勇于开拓，在火热的青春中放飞人生梦想；脚踏实地，珍惜韶华，在实现中国梦的伟大实践中用无悔青春成就事业华章！”整场毕业典礼使学生完成学历、身份和精神上的转变和升华，让思想政治教育产生持久的影响力和深刻的育人效果。

前述毕业典礼在流程和环节的设置上充分发挥了思想政治教育功能，激发了毕业生的体验感悟，让毕业生有感触、有感恩、有感慨。在遵守共同价值内涵的前提下，仪式的每一个环节都被赋予了特定的意义。充分重视仪式程序的设计与创新，永葆仪式的新鲜与活力，是仪式感染性的重要保障。

二、情境的营造渲染决定了仪式感染性的实现程度

情境是思想政治教育仪式体系建构的关键内容。所谓情由境生，仪式感染的发生必然依托于情境，只有在情境中才会产生一定的情绪，如兴奋与热爱、快乐与悲伤、愤怒与恐惧等。在思想政治教育仪式情境中，所有的仪式参与者都将身临其境和亲身经历，通过自己的体验来对仪式的场域和环境进行感知和判断，从而实现仪式感染性的实践表达与作用发挥。仪式感染性的主要特点是感受直观、方式潜隐、表达艺术、过程自然，既有显性知识的直接传递，更有隐性知识的润物无声，还兼具了艺术化的表现。众所周知，显性知识既可以通过主动参与，也可以通过被动灌输的形式获得，可以通过情境设定进行彰显和灌输。但隐性知识不同，隐性知识只有融入特定的生活场景或者场域中，并且在特定的情境中展现出象征意义，在主体的参与过程中形成特定的有意识的或者无意识的心理体验，才能最终被参与者所习得。可见，隐性知识主要来源于特定的经验，是主体参与实践性活动后的主观感受，只有通过切身体验才能获得。因此，如何在仪式情境中融入所要表达的教育内容并让参与者真正感受到，才是仪式教育的关键。可见，把隐性知识最大限度地“情境化”，可以更加有效地帮助隐性知识的获得。相对于显性知识的灌输式习得，隐性知识的传递对仪式的思想政治教育功能具有更加重要的意义。在仪式中，一个个具体的仪式行动，都是在仪式的场域和情境中进行的，也都被周围的环境、氛围、规矩所限定，正是在仪式程序与仪式情境的相互渲染中，仪式才被赋予了特殊的象征意义。例如，在学位授予仪式中，学位服的颜色、样式，拨穗的方向，毕业典礼周围的环境布置等，都必须符合相应的约定，

脱离了特定的情境，仪式也就丧失了教育的功效。可见无论是显性知识的获得还是隐性知识的传递都依赖于情境，知识（也就是仪式所蕴含的价值）获得的多少与情境如何密切相关，因此，完善的仪式程序和情境是思想政治教育仪式体系建构的关键。

创设特殊的情境是开展思想政治教育仪式的一项重要内容。在社会心理学中，情境指影响事物发生或对机体行为产生影响的环境条件，也指在一定时间内各种情况的相对的或结合的境况。① 情境是从认知的角度说明行为者与环境、主体与客体的相互关系。行为者在行动和活动之前对环境（客体的总和）的知觉和认识不是纯客观的，而是或多或少地加入了主观成分，从主观上给予规定和把握。这种从主观上予以规定和把握的环境叫情境。② 思想政治教育情境即思想政治教育开展的特殊场域，仪式中的仪式行动、主体的心理感受、精神活动以及主体间关系的互动都是在仪式场域中发生的，情境的设计对仪式达成教育目标具有极其重要的意义。从字面含义讲，“境”是外在的作用因素，包含了一系列客观条件的设置，如人物、地点、事件、物品、语言等物化了的东西的组织布局，以及这些东西的表现方式和程序；而“情”是在境的基础上形成和反映的主观情感，也是隐藏在客观物件设置背后的寓意，以及人和物在空间中所处的位置以及交织的权利、关系、利益和情感等。思想政治教育仪式的情境是容纳思想政治教育存在并对其产生作用的“客观外在”，它先于思想政治教育而存在，在开展思想政治教育仪式活动时不仅要关注仪式程序的设计，同时也要重视仪式情境的设计，好的情境设计往往是实现仪式教育目标的有效助力。此外，思想政治教育仪式还具有“超时空性”，仪式的情境也并不是单单指仪式活动发生的物理空间，以及物理空间中客观物质的设计，还包括超越物理性存在的客观社会关系、权力结构等内容，这使仪

① 杨治良，郝兴昌. 心理学辞典[Z]. 上海：上海辞书出版社，2016.
② 沙莲香. 社会心理学[M]. 北京：中国人民大学出版社，1987.

式情境在思想政治教育方面能够超越短暂而狭小的仪式时空限制，弥散和贯穿于参与者的整个人生和生命，也同样可以延伸到网络空间等虚拟世界。在开展思想政治教育仪式时，高校思想政治教育工作者要根据不同的教育目标、教育内容、教育对象创设不同的仪式情境，以更好地激发参与主体的主观情感，营造良好的精神氛围。这对思想政治教育至关重要，是思想政治教育仪式的重要组成部分。

那么，如何更好地设计仪式的情境呢？在仪式活动中，仪式行动、程序、参与主体、声音、物质等要素按照一定的规则在确定的时空中组建起来，形成一个超出日常生活的、具有特定象征意义的符号集合和场景，这使得仪式的情境区别于日常的生活情境，其意义世界通过环境的安排被布置和创造出来。这种具有象征意义的符号所构成的特殊场景，正是人们表达的情感、观念、价值集中爆发与释放，以及展示社会关系的最佳场所。在这样的情境中，仪式参与主体和群体的主观情感、思想观念、价值诉求将得到激发和触动，并极力使其得到最优的表达和释放。在仪式的感染过程中，每个人身处这一场域，沉浸其中，通过情绪的相互感染和彼此激荡，心灵也将受到巨大的触动和影响，这也正是仪式能够产生意外效力的重要原因。以华东理工大学 2017 年毕业典礼暨学位授予仪式为例，此次毕业典礼以“华理有我”为主题，通过内外场的精心布置、流程环节的用心设置来激发毕业生的身份认同、身为华理人的自豪感和走向社会的使命感。场外通过“我宣言”立体雕塑群、荣誉墙和光荣榜等场景突出学生主体地位，在学生感受到期许、认可、尊重的前提下，有效弘扬和践行社会主义核心价值观；通过波澜壮阔的海浪墙等设计，一方面凸显学校在“双一流”建设中大踏步前进，培养一批又一批一流人才的决心和气魄，另一方面也彰显了学校贯彻落实全国高校思想政治工作会议精神，全员育人、全过程育人、全方位育人的成效。场内通过学校元素的贯穿和庄重、典雅的环境渲染，让学校文化和精神弥漫于场景的细节之中，内化为学生的浓浓母校情和拳拳报国志。

完善仪式情境必须注重仪式的艺术化表达。康德认为仪式有“促进认识”“促进道德”“促进鉴赏力和美的教育”的作用，并且“这最后一种教育的目的就在于，培养我们感性和精神力量的整体尽可能和谐”。[①] 因此，仪式不是追求形式感，而是追求形式美学，本质上就是审美教育。从方法论上说，审美教育应是感性的、艺术化的。思想政治教育仪式通过艺术化的手法去点化学生，使之产生审美的感悟，从而达到陶冶情操的教育目的。学校开展仪式活动，之所以能够发挥思想政治教育功能，产生思想政治教育价值，关键就在于仪式能够通过自身的设计，使其产生某种神奇的“魔力”，引起参与者的共鸣和情感的共振，并走进参与者的精神世界。这种感性情感会引起参与者的共鸣，并发展成为巨大的情绪、情感的传递和相互感染，这种感染虽是隐性的但却是巨大的。相对于理性教育而言，艺术化的教育就是利用人的感性直觉展开，这种直觉往往是第一位的，是先于理性的，这也就是为什么说，大多数人大多数时候都首先是感性的。因此，大部分诉诸感性的艺术化实践，往往要比诉诸理性的教育实践活动表现得更加直接，更加有效。仪式活动通过语言、行为、色彩、音乐、象征物的创造，凭借夸张、比喻、表演等艺术手段和手法，直接作用于人们的无意识知觉，促使人们产生强烈的心理反应和集体情绪，让参与者经历独特的情感体验，以感性的方式打动人心，极大地增强了自身的感染力和现实的教育效果。大多数仪式活动都能够十分艺术地激活和调动人们的无意识系统，以此产生神奇的力量和巨大的魅力，一旦形成感性的感染力，参与者就会降低心理阻抗度和心理防线，无条件地信任仪式的价值，以此提升对仪式价值的认同度和接受度。营造特定的仪式情境，有助于引导和控制人们形成特定的心理倾向，并产生无意识的从众行为，这对教育是非

① （德）席勒. 美育书简[M]. 徐恒醇，译. 北京：中国文联出版公司，1984.

常有用的。注重仪式情境的艺术化表达，不仅指向艺术的展现形式，更体现在如何艺术地运用艺术，前者表现为艺术性过程，后者表现为艺术性后果，这就要求在仪式艺术化建构过程中，要审时度势、因地制宜，根据不同的教育背景和教育需要，以及不同仪式程序的特点，恰如其分地采用不同的艺术手法。此外，艺术地运用艺术，其本质是要尊重艺术化过程中的情感因素，这是仪式艺术化的最终目标，这就要求所有艺术手法必须体现仪式的价值内涵、主体间的关怀和美学的要求，使仪式的情境可以充分激发人的自由创造力，并充满人文关怀，产生仪式所独有的、特定的感情。事实证明，形式化的，缺乏真情实意的仪式行动并不具有强大的感染力，而过分夸大的，矫揉造作的表演也不可能打动人心。因此，在仪式情境的艺术化设计中，一定要注重参与者的言行举止与仪式教育的主题、目标协调一致，恰到好处，能够表达真情实感，也能够发挥教育的功效。

总结而言，仪式情境的渲染是影响思想政治教育仪式感染性的重要因素，对提升和发挥仪式的教育效果具有重要的影响。仪式的情境可以促使群体产生情绪的感染和情感的体验，这是维系仪式活动中情感互动的情感动力和心理支撑。换句话说，仪式中的集体情绪或情感体验是仪式能否取得效果的关键。在仪式情境中，思想情感、符号标志、道德能量以及意识形态只有经过共同的情感过程，才能产生更持久的影响。思想政治教育仪式是根据国家和社会需求，结合立德树人根本目标和学生实际情况，结合本学校的历史传统和文化内涵而开展的具有一贯性、稳定性、持久性的活动。仪式情境的设计事关仪式教育的实际效果，创设一个情感与环境相互融合、仪式程序和情境相得益彰、仪式价值和仪式行动彼此促进的情境，以促使学生的情绪在参与仪式过程中相互感染，心理需求得到满足、情感得以升华、历史得以传承、文化得以传播，是仪式思想政治教育功能的重要体现。

三、充分运用互动情境能够更好地实现仪式感染性

互动情境是仪式程序设计和情境渲染的重要内容，也是影响思想政治教育仪式感染性的重要因素之一。仪式的情境提供了仪式开展的场域，但只有通过互动，才能将场域中的各要素联系起来，形成整体性的仪式效果。仪式的情境是主体间共享的情境，因而对于每一个个体而言，仪式的情境都是个体与社会互动所处的客观环境，包括环境中的文化观念、价值理念、经济状况、政治立场、知识传统等体系。理解仪式的情境必须把个体对特定情境的主观理解作为出发点来解释人的行为，个体对特定情境的主观理解，是指导自我行动的主观态度，也是促成个体社会行动的观念基础。共同的情境前提下，个体的社会行动会形成彼此之间的互动关系。因此在场的主体和主体间的相互关注和情绪感染都是仪式情境的运作条件，只有在场的群体参与互动，才可能有集体情感的显现。此外，仪式的互动除了体现在仪式过程当中，还体现在仪式结束后主体间不断地互动与对仪式过程的持续回顾。因此，在设计仪式程序和情境时，必须充分考虑提供仪式互动的空间。我们重点借鉴人际互动论和互动仪式理论，主要从社会学的角度来分析使用互动概念，探讨仪式互动过程，并进一步讨论在当前互联网高速发展情况下，仪式互动空间的变化。

一是仪式的功能通过互动过程才能充分实现，而这种互动过程可以不断构建新的仪式场域，让仪式得以持续。戈夫曼将社会机构比作一个舞台，每个人都扮演一定的角色，并提出了基于人际互动的“拟剧论”。戈夫曼指出，每一个人都有责任去维护际遇的顺利进行，会话为参加者创造了一个世界和实在，其中还有其他的参加者。共同自发参与是一种神秘的联合，一种社会化的定势。[①] 戈夫曼的“拟剧论”在仪式场域中体现得

① 李启凤，吴广丽. 戈夫曼《日常生活中的自我呈现》戏剧论思想解读[J]. 重庆科技学院学报(社会科学版)，2008(10).

更加突出。作为边界明晰的特殊场域，仪式本身具有丰富的艺术表达方式。在仪式中，人们的身体在场通过相互关注变成了全方位际遇。在这个场合中，每个人都按照剧本的要求进行表演。我们必须认识到，会话有它自己的生命而且也有代表自己的要求。它是一个小的社会系统，具有自己的界限维护倾向，有单一的情境定义。人们要努力去维护这一仪式情境定义，最主要的就是生成关注焦点，仪式的功能通过相互关注才能充分实现。[①] 互动仪式理论也印证了这一观点，涂尔干在回答宗教是如何产生时，提出了构成社会互动仪式的主要要素。其中，涂尔干特别强调了群体的物理空间汇集这一要素。他指出，当一群人聚集在同一个时空地点时，人们会开始关注彼此的表情、行为甚至细微的情感变化，身体上的相互注意是仪式的开端。[②] 兰德尔·柯林斯进一步完善了互动仪式理论的框架。他提出互动仪式有四种主要的构成要素：两个或两个人以上的人的身体共同在场、对局外人设定了界限、人们的注意力集中在共同的活动或者对象上、人们分享共同的情绪与情感体验。四个要素之间互相形成反馈作用，第一个要素是其他要素的基础。[③] 柯林斯提出的仪式互动链理论，扩展了我们对仪式场域的理解，也就是说，实际上在仪式活动后，参与仪式的主体，无论在何种空间，只要满足这四个构成要素，通过主体的相互关注，那么就还在不断地构建新的仪式场，而这也是决定仪式感染性的重要因素。

二是互动空间的网络拓展。笔者对互动的关注还源于互联网的高速发展，网络互动平台的风起云涌，青年大学生对网络社交的高度参与，以及网络仪式活动的不断创新。与传统的仪式互动方式不同，随着互联网的兴起，仪式的互动过程会被进一步放大，互联网平台的介入，尤其是自

---

① 郭倩. 互动仪式链理论视角下的微博话题互动研究：以“少放鞭炮事件”为例[J]. 新闻知识，2015(9).

② Durkheim E. Elementary forms of religious life：conclusion[J]. The Russian Sociological Review，2018(17).

③ Collins R. Interaction ritual chains[M]. New Jersey：Princeton University Press，2004.

媒体的广泛应用，使仪式互动的时间和空间大大拓展，也因此会产生比仪式现场更加浓郁的感染效果。互联网的发展根本性地改变了人们之间的交流、沟通和互动的方式，也影响着整个社会的组织方式。互联网技术最为重要的一个特征是打破了时间和空间对于人们之间联系方式的限制，使人与人之间的互动不必局限于特定的空间和时间，身处不同物理空间的人们也能够完成有效、流畅的沟通和交流。那么，在互联网语境下，仪式是否能够在虚拟的网络空间中发生呢？柯林斯曾经研究过类似问题，通过对电话会议、电视转播和宗教礼拜等仪式活动的比较分析，他指出：尽管远程的交流可以提供仪式的某些参与感，但缺乏实时的互动，难以替代亲身实际参与所产生的团结。① 柯林斯通过对这些远程活动的分析认为，在不能身处同一空间时，沟通与社群的团结感以及对象征物的尊重等情感都会减弱，因而会影响仪式的效果。但是，柯林斯的理论产生自对电话、电视等传统通信时代的考察，这样的通信方式显然是缺乏互动的。但在互联网时代，特别是当自媒体成为主流，手机等手持终端设备获得普遍应用以后，人与人之间的互动不仅没有减弱，反而更加深入，并且形成了很多网络群体组织。这类组织由于参与者的高度自发性而具有极强的凝聚力，即使他们中的绝大多数在现实生活中并不相识，甚至从未谋面，但他们却能够构成网络空间中的虚拟圈群，并扮演着不同的社会角色。因此，在当前的互联网环境之下，网络虚拟社群甚至能产生超越物理空间的群体情感和群体团结。李霞解释了微博用户在网络空间中的相互感染及其仪式化过程。她指出“微博将信息互动、人际互动、社交网络整合在一起，产生了‘群体集会’的效果：我知道他人的姿态、他人知道我的姿态、我知道他人知道我的姿态、他人知道我知道他的姿态。通过姿态的相互知晓，个体身上激发出强烈的情绪情感体验，这种强烈的情感体验在互动

① Collins R. Interaction ritual chains[M]. New Jersey: Princeton University Press, 2004.

中产生群体符号(神圣物)。”[①]从她的研究可以发现,当前的互联网视频、文字直播技术,尤其是QQ、微信等便捷自媒体、熟人社区的出现和普及,已经使观众可以在不同的物理空间也能感觉到他人的情感变化。它不仅保证了观众能够在不受外界干扰的情况下参与仪式活动,还给予了大家公共讨论的平台。因此,互联网的发展已经通过视频、图片、文字、声音实现了观看、对话、感受等仪式场域或者主体在场感的基本要求。这一发展变化对高度依赖网络的当代青年大学生尤为重要。例如,华东理工大学2017年毕业典礼上的本科毕业生代表高羽烨的发言视频,在典礼结束后被上传至互联网,这场毕业典礼的过程在网上持续传播、发酵,网友持续关注、评论、点赞……,短短几天就有上亿的点击量。主体与主体间的互动构成了一个个微观的仪式场域,并使仪式的价值和情感得以广泛传播和感染,形成了良好的教育效果。可见,完善网络情境中的主体互动,提升仪式感染性作用,首先是在情境化过程把仪式事件扩大化,把仪式的场域扩展到网络空间;其次,仪式主体外的网络互动行为,如点赞、评论、转发等也要被视为仪式情境建构的一部分,参与者的互动会促成代表社会关系符号的产生。将仪式的互动扩展到更广阔的网络空间,使仪式情境的互动有了更大的舞台,会形成更加持久、更加广泛、更加强烈的仪式感染效果,有助于激发思想政治教育仪式产生更大的感染功效。因此,在思想政治教育仪式的建构过程中,高校思想政治教育工作者必须加强对互联网的高度关注和深入研究。

第四节 仪式建构的要求:与时俱进、创新发展

创新是一个民族进步的灵魂,是一个国家兴旺发达的不竭动力,只有

① 李霞.微博仪式互动的社会心理学研究:以新浪微博为例[D].天津:南开大学,2013.

与时俱进地坚持创新发展,思想政治教育仪式才能够永葆生机和活力。实践证明,思想政治教育仪式的设计只有与人们生活的现实世界和日常经验相一致时,仪式才能焕发出新的光彩,而因为历史处于不同的变化之中,要想推进仪式与现实世界和日常生活的一致性,就必须坚持改革创新。教育工作者要持续更新和及时转变思想观念,在体制机制、内容形式等各个方面与时俱进,不断创新,努力使新时代的思想政治教育仪式能够体现时代性、把握现实性、注重科学性、遵循规律性。

一、仪式创新必须立足时代、把握现实

面向新时代,思想政治教育仪式的建设与优化必须符合国家改革发展的现实状况,顺应时代发展的需要,满足社会进步的要求。习近平总书记指出弘扬中华优秀传统文化,要处理好继承和创造性发展的关系,重点做好创造性转化和创新性发展[①]。所谓创造性转化,就是要按照时代特点和要求,对那些至今仍有借鉴价值的内涵和陈旧的表现形式加以改造,赋予其新的时代内涵和现代表达形式,激活其生命力。所谓创新性发展,就是要按照时代的新进步、新进展,对中华优秀传统文化的内涵加以补充、拓展、完善,增强其影响力和感召力。[②] 仪式是人类社会文化传递的重要载体,具有悠久的历史,任何仪式的形成和发展都是一个漫长的历史过程。同时,每一个仪式又都具有时代的烙印,体现着时代的特点,是一定社会历史时期的生动代表和具体反映。仪式的变迁根源于文化的变迁,同时透过仪式的变迁,我们也可以看到社会的变迁。在传统社会,无论是宗教仪式还是人们必须遵循和践行的日常生活仪式,都有着严格的固定程序,并且呈现出不可逾越的严肃性,但随着现代化的发展,现代社

---

① 习近平.习近平在中共中央政治局第十三次集体学习的讲话[N].人民日报,2014-02-26(1).

② 习近平.习近平在中共中央政治局第十三次集体学习的讲话[N].人民日报,2014-02-26(1).

会的自由观念与知识体系正在不断消解传统社会的文化特点，传统文化中带有强制性的规定逐渐开始向自由化、松散化、时尚化方向发展。受文化变迁的影响，现代社会的仪式正逐渐打破固有形式，程序越来越去繁就简，朝着个性、多元和全球一体化的方向发展。在现代仪式与时俱进、不断发展的同时，伴随着现代化的深入，传统的礼仪文化在现代社会发展中的地位正逐渐削弱，落后的仪式形式在面对变迁的社会形态时，出现了形式单调、观念落后、逻辑错位、效能低下等问题。这启发我们，仪式文化不仅要有深厚的文化底蕴，还要能够体现时代特点。因此，我们在创新建构面向新时代的思想政治教育仪式体系时，一定要坚持把传承和创新结合起来，在深刻理解和把握历史进程的基础上，紧扣时代发展的脉搏，深刻体现文化内涵，具体反映时代要求，切实贴近百姓生活，真正满足人们新时代的精神需要。

二、仪式创新必须尊重科学、遵循规律

习近平总书记指出，在 5 000 多年文明发展中孕育的中华优秀传统文化，在党和人民伟大斗争中孕育的革命文化和社会主义先进文化，积淀着中华民族最深层的精神追求，代表着中华民族独特的精神标识。① 抛弃传统、丢掉根本，就等于割断了自己的精神命脉。② 思想政治教育仪式的创新不可能割裂历史，远离中华优秀传统文化进行抽象构建。注重科学性和遵循规律性是推进思想政治教育仪式改革，提升仪式感染性的前提和基础。仪式的建构与创新必须把握思想政治教育仪式感染性的内在机理，把教书育人的规律、学生成长的规律同仪式感染性作用机理紧密结合起来，推动思想政治教育方法的变革。在思想政治教育仪式中，要特别注意恰当运用仪式的感染机理和基本规范，强调仪式形式与价值的统一，

① 习近平. 习近平谈治国理政[M]. 北京：外文出版社，2014.
② 习近平. 习近平谈治国理政[M]. 北京：外文出版社，2014.

遵循主体间性原则，营造良好的情境氛围。在仪式创新建构中，要始终把思想教育放在突出位置，注重引导学生树立正确的人生观、世界观、价值观，始终坚持正确的教育方向；注意培养学生良好的个人秉性、社会态度、心理气质等基本素质；重视个人品德修养与公共行为的养成，注意仪式行动要符合公共要求，使仪式的教育目标与德育要求相一致。在仪式创新活动中，要把握仪式活动的结构要素和感染机理，保证仪式开展时机的选择、发生场域的情境布置、现场音乐的搭配以及特定服饰的穿搭、互动过程的设计、仪式程序的协调、参与人员的安排等，都要与仪式的主题相契合。另外，在思想政治教育仪式的创新上，要特别注意研究仪式自身的发生和演变规律，加强理论和实践研究，以国际化的视野，立足中国大地，分析社会文化背景和人们的情感需求，把握社会心态和心理特征，将仪式研究的最新成果融入思想政治教育的具体实践。

第五节　仪式建构的实践：网络思想政治教育仪式个案

网络思想政治教育仪式是仪式教育在网络空间的实践，其在体现一般思想政治教育仪式及其感染性要素的同时，也兼具了互联网空间思想政治教育的特点，对当前的高校思想政治教育工作，发挥着不可替代的作用。笔者试图通过对“带着国旗去旅行”网络思想政治教育活动的仪式化梳理和规范，应用仪式感染性理论对该主题活动进行解构和分析，为网络思想政治教育仪式的体系建构和网络思想政治教育从“外化”到“内化”提供理论依据和实践范例。同时，这一网络思想政治教育仪式也是现实空间中高校思想政治教育仪式体系建构的典范，通过分析实践案例，也为高校思想政治教育仪式的体系建构提供具体思路和操作指南。

一、“带着国旗去旅行”教育实践活动

近年的国庆节期间，在网络上都会掀起一场富有生活化色彩的爱国主义运动。这场运动最先由各地共青团组织发起，主要在部分高校以及企事业单位的新媒体平台上，开展“带着国旗去旅行”的主题活动。活动主要内容是“鼓励年轻人在旅途中上传与国旗合影，或是收集路人的笑容，或是定格加班同事的身影，在每一张作品中，都有充满活力的笑容在国旗下绽放”[①]，在互联网上的个人空间用图文表达对祖国的美好祝福。活动经过酝酿筹划，一场由官方推动的爱国主题活动，逐渐演变成群众自发的模仿和传播，一时间五星红旗飘扬在网络新媒体平台的每一个角落，形成了一股别开生面的互联网爱国风潮。这一活动作为官方正式活动是在 2013 年国庆期间，上海市团市委等单位在其微博、微信网络平台同步发起了“带着国旗去旅行”活动，动员广大青年在长假期间通过手机和相机记录国旗风采，用文字传达对中华人民共和国成立 64 周年的美好祝福和真诚祝愿。其间，主办方共收到作品 700 多张，25 000 余名网友参与话题讨论。[②] 从 2014 年开始，上海市团市委在全市各级共青团组织推广该活动，逐步形成了规模宏大的全民网络运动。五星红旗出现在全世界的各个角落，参与者数不胜数，各大媒体也争相报道，在社会上引起了巨大反响。

从学术研究的角度看，我们必须从更深层次来思考这场活动引起巨大社会反响的因素。笔者将这场活动理解为一场网络空间的思想政治教育仪式，正是通过对私人生活的仪式化建构，并借助于网络的作用，才将这场活动演变成一场公共性的爱国风潮，而这也体现了在互联网空间开展思想政治教育的基本规律，以及高校思想政治教育仪式感染性的作用机理和体系建构的基本规范。

---

① “带着国旗去旅行”传递正能量[N]. 新民晚报，2013-10-30.
② “带着国旗去旅行”传递正能量[N]. 新民晚报，2013-10-30.

二、网络思想政治教育仪式的体系建构

追求私人领域的独立性与自主性，已经成为当代青年的一个重要特点。谭建光等指出，青年阶段本身就是主体从适应状态转向变革状态、从受动状态变为自觉主动状态、从吸收状态变为创造状态的关键时期①，青年群体一般有着较强的追求自我独立的愿望，正所谓“我的地盘我做主”。展现在教育领域，特别是思想政治教育领域的意义则体现在，传统的以教化和规训为主要方式的教育模式面临着巨大挑战，而一种基于主体间性的，相互感染的教育方式正在变得越来越流行，教育的价值和理念只有融入私人生活，通过平等的传播，并被主体所感知和认同，才能被称为成功的思想政治教育。这与思想政治教育仪式感染性的作用机理不谋而合，而“带着国旗去旅行”则完整地展现了这一过程。

一是“国旗＋旅行”：融入私人生活的仪式行动使价值观的融入自然而然。仪式行动是仪式建构的基础，仪式行动包含着意义与程序化行动两个部分。仪式的教育必然存在特定的教育目标，这构成了仪式的意义，也就是仪式的价值，仪式行动的建构就是将所要表达的价值融入程序化的行动当中，这种行动既可以是设定的，如升旗仪式、宣誓仪式等，也可以是日常生活世界的互动。在“带着国旗去旅行”活动中，国旗是特殊的符号，是特定意义的载体，表达了公共领域的意义诉求，而旅行则是完全私人生活的领域，“国旗＋旅行”，将公共价值教育的目标与极具生活化的行动连接起来，从而建构了一套具有教育意义的行动。但这套行动只构成仪式的单元，独立的行动还称不上仪式行动，只有主体的行动与其他主体产生互动，并激发和唤醒了行动中所包含的意义时，也才构成了仪式行动。思想政治教育仪式体系建构的核心就是价值观的融入，活动中的网

① 谭建光，李学铭，丛彤. 人类认识史中的青年期主体性[J]. 中国青年研究，1992(6).

络展示，不仅将公共价值与私人生活嫁接起来，更为产生更大范围的仪式行动奠定了基础，真正实现了“润物无声”的育人效果。

二是“生活＋上网”：仪式行动的公共化充分尊重了主体间性的原则。这种公共化实现了参与者的平等互动与交流，充分尊重了主体间性，同时也构建了一个特定的场域，实现了积极互动的仪式情境。按照仪式互动理论对仪式的解释，当仪式行动在特定的场域转化为持续的互动，就会产生持续的情感体验。尽管学校的思想政治教育仪式很多，而且有较好的效力，却只能受限于特定的时间和空间。但“带着国旗去旅行”推动了仪式行动的网络化，在网络空间建构了日常仪式行动的互动情境，从而拓宽了仪式教育的空间，提升了仪式的效力。推动“带着国旗去旅行”的上网过程，本质上体现了互动仪式的建构过程。虽然活动由共青团组织发起，并在特定的群体内最先传播，但活动内容迅速在互联网上传播开来，并在网络公共空间建构起了仪式互动的链条。参与者纷纷用手机拍下自己的旅行生活，并通过自媒体分享，形成与其他参与者的互动，在仪式行动公共化的过程中，也构建了特定的仪式场域。

三是“评论＋模仿”：网络平等互动的情境激发了人们主动参与的热情。仪式互动的发生有四个起始条件：(1) 两个或两个以上的人聚集在同一场所；(2) 仪式参与者对局外人设定了界限；(3) 人们将注意力集中在共同的对象或活动上；(4) 人们分享共同的情绪或情感体验。当组成互动仪式的各个要素有效综合，并积累到相互关注并共享情感时，互动参与者就会产生群体的身份认同感和积极主动的情感能量，以及产生代表群体的符号、自觉尊重和维护群体符号的道德感。在网络仪式场域中，点赞、评论、转发等互动方式替代了物理空间中面对面的互动，但也能达到同样的效果。基于私人生活的仪式行动，经过了网络空间的公共化过程，可以形成有效的传播和扩展。当参与者通过点赞、评论、转发，并争相模仿仪式行动时，就会自然而然地构成网络中的仪式互动链条。在“带着国旗去旅行”活动中，参与者看似自主的行动，实际上形成了特定的仪式空间，参与者在这里分享共同的情绪或情感体验，并通过互动形成区别于其他网络行为的群体符号，参与者在自觉维护共同价值符号的过程中，也实现了仪式价值的内化。

四是“延续＋创新”：五年持续不断地与时俱进满足了仪式的创新要求。从 2013 年创设活动开始，历经五年而不断重复进行的仪式，一方面体现了“带着国旗去旅行”活动符合时代的需要，满足社会现实的要求，有着持久的生命力；另一方面是活动每年不断推陈出新的活动内容和创新举措，让活动永葆青春和活力。随着互联网的迅速崛起，网络传播方式的不断更新，微传播、自媒体时代的到来，网络仪式活动对形式创新的要求远大于现实生活中的仪式，更加注重与时俱进和积极创新。“带着国旗去旅行”活动体现了网络思想政治教育仪式的建构过程。这种融入生活的思想政治教育模式对当代青年更加适用，并且通过网络思想政治教育仪式的建构，拓展了教育空间，体现了平等性、感染性和实践性特点，对大学生思想政治教育工作具有重要意义。

三、思想政治教育仪式感染性的发生

“带着国旗去旅行”的成功不仅在于构建了一场别具特色的网络仪式，更在于通过仪式实现了对仪式参与者的爱国主义教育。生活化的网络仪式建构，不仅提升了教育活动的参与度，还强化了思想政治教育的效力。仪式行动所蕴含的价值，在教育者和受教育者共同参与网络互动的过程中，通过思想政治教育仪式感染性的作用，成了仪式参与者的共同信念和情感。

一是价值识别——身边的爱国。所有的仪式都是一套被赋予特定意义和价值的社会行动，行动的目的在于传播和整合参与主体的意义世界。“带着国旗去旅行”的核心价值是爱国主义，这场由特定群体发起的教育活动，在吸引更多人参与时，所有参与主体间就共享了一套意义规范，形成对仪式价值，也就是爱国情感的识别。一些主体通过网络互动，会产生对这种共同情感的“无意识”识别，尽管这些主体可能并没有认识到这场活动内含的教育意义，与国旗合影只是他参与朋友互动的一种方式，但在潜移默化中会形成对“国旗”的正向情感。而另一些仪式参与者会有意识地感知仪式中的价值，并形成自己对仪式价值的理解，例如，有参与者会在网络空间主动撰写对祖国的祝福与感悟。正是通过这两种识别方式，仪式所蕴含的爱国主义价值被参与者深度感知。

二是主体共鸣——彼此的感染。通常讲互联网是一个陌生空间，但基于自媒体的网络“朋友圈”是一个网络上的熟人社区，拥有着更紧密的关系强度。在这样一个熟人社区中，主体间更容易彼此信任、互相欣赏，并在集体互动中产生共鸣。在参与“带着国旗去旅行”网络仪式过程中，熟人群体通过点赞、评论和转发，会产生对参与者的群体认同，并且获得对爱国情感的共鸣。仪式参与者通过模仿活动，会产生积极的情绪反馈。仪式互动过程中的喜悦和友好的氛围，可以激发参与者更积极地体验和建构仪式所蕴含的爱国情感。不断传播和重复的仪式行动，会让参与者强化对行动意义的学习，并产生对仪式价值的共鸣。与对仪式价值的识别过程不同，参与者通过互动，并对仪式本身蕴含的爱国主义情感产生共鸣，这种情感会超越每一个独立主体的感知而存在，并发挥更具效力的影响。

三是情绪强化——感染的深入。仪式感染的作用并不仅限于价值的感知和主体的共鸣，还在于传播过程中价值影响效力的强化与放大。通过网络传播，主体间会产生“交互感染”和“循环放大”，并进一步强化共同情绪，同时也会增强主体对仪式价值的接受程度。例如，在“带着国旗去旅行”活动的参与过程中，当个体参与的仪式行动在网络上广泛传播，并形成了群体行动时，让个体在其中产生归属感和被重视感，并不断地强化参与仪式的情绪，形成交互感染，并在群体间循环传递，增强仪式情感的感染力度，以及对活动中爱国主义情感的认同度。仪式的情绪强化功能是思想政治教育仪式感染性的优势所在，仪式情感在网络空间的放大，在一定程度上提升了思想政治教育的效力。

四是价值内化——爱国的生活化。仪式价值内化的表现方式有两种：第一种是主体主动认同仪式的流程、规范及其价值，并自觉地采取仪式规定的行动；第二种是主体会主动参与和传播仪式所包含的程序及其价值观念。思想政治教育仪式正是通过价值识别、共鸣、强化与内化，依次推进并达到教育目的的。基于思想政治教育仪式感染性的作用机理，教育价值获得了有效载体，可以更加有效地触及受教育者的灵魂，这也是利用仪式开展教育的重要优势。“带着国旗去旅行”，其本意是一场爱国主义教育，经过持续几年的开展，已经形成了广泛的影响力。每年都会有新的来自不同区域的不同主体，通过有组织或无组织的方式参与到这一活动中来。一些参与过活动的个体，在每年的国庆期间，也会自发地带着国旗去旅行，并且在自己的朋友圈展示和表达个人的爱国情怀。这也是活动的最终目的，将爱国主义的价值观教育真正融入每一个人的生活之中，让爱国成为一种日常的生活方式，在这一过程中实现价值的内化。

四、结论与启示

“带着国旗去旅行”的成功，并不仅仅是一束灵感突现的火花，还体现着现代社会思想政治教育仪式活动的内在规律。“带着国旗去旅行”一方面通过网络思想政治教育仪式的建构，拓展了新的教育空间，这是区别于传统教育场域的，体现着平等性、感染性和实践性特点。在网络仪式场域中，所有的仪式参与者都共同构成了教育者与被教育者的平等关系，共同享有一套价值规范。价值规范的维护和传递是基于参与主体间的交互感染，并通过实践的方式达成的，这大大增强了教育的效力。另一方面，这种融入生活的思想政治教育，也适应了现代社会的教育特点。网络对当代大学生而言并不仅仅是一种工具，更是一种生活方式，是他们实现与社会联结的重要通道，也是个体社会化的基本方式，因而在网络空间中融入价值观教育是非常有必要的。“带着国旗去旅行”教育活动的成功，也说明了思想政治教育仪式并不仅限于物理空间，而且可以存在于任何社会空间，这自然也包含了网络世界。把握思想政治教育仪式及其感染性的基本规律，恰当地建构融入教育价值的仪式行动，有助于拓展思想政治教育的空间，更有利于思想政治教育效果的提升。

“带着国旗去旅行”的仪式建构一方面印证了思想政治教育仪式体系建构的基本规范，体现了思想政治教育仪式感染性的相关要求；另一方面也为现实中构建高校思想政治教育仪式提供了很好的范例。只要遵循思想政治教育仪式体系建构基本规律和相关要求，我们就可以成功创设新的或者改良旧的高校思想政治教育仪式，使之真正成为高校思想政治教育的有效手段。

第七章　新时代高校思想政治教育仪式系统建构的重点内容

习近平总书记强调指出，礼仪是宣示价值观、教化人民的有效方式。[①] 思想政治教育仪式对于塑造学生健全的人格，培养学生的综合素养，形成学生积极健康向上的精神风貌，培育和践行社会主义核心价值观具有不可替代的作用。思想政治教育仪式建设要充分发掘育人功能，发挥自身的独特魅力，成为鼓舞人心、汇聚力量、催人奋进的教育方式和引导、激励、教育学生的动力源泉。

面向新时代，思想政治教育仪式的建设应该直面世界的发展趋势，立足中国文化发展的现实，树立符合时代要求、社会进步和文化发展的新理念；要结合当前教育发展的特点，具有学校文化特色，体现学校精神内涵，符合学校教育教学理念，与学校发展目标相协调，与立德树人根本目标相

① 习近平. 习近平在中共中央政治局第十三次集体学习的讲话[N]. 人民日报，2014 - 02 - 26(1).

一致。因此，思想政治教育仪式的建设应以马克思主义基本理论为基础，以习近平新时代中国特色社会主义思想为指导，依据思想政治教育仪式感染性的作用机理，以社会主义核心价值观的融入为核心，充分尊重主体间性的基本原则，注意完善仪式情境这个关键环节，与时俱进、积极创新，建构新时代高校思想政治教育仪式体系。结合思想政治教育仪式的五种主要类型，并结合网络教育仪式，笔者就建构面向新时代的思想政治教育仪式系统的重点内容和方向来阐释新时代思想政治教育仪式系统建构的重点内容。当然，在实践过程中，一个仪式可能同时属于多个类型，具备多种特性，这并没有矛盾和冲突，恰恰说明了一个仪式可能同时具有多种功能，我们在建设方向上也应从多个角度加以关注。此外，仪式除了内容不同、目标不同，在规模上也存在着差异。也有学者按照思想政治教育仪式的规模来划分，将仪式划分为微型、小型、中型、大型等不同层次，这些大大小小的仪式共同发挥着重要的思想政治教育功能，共同构成了高校思想政治教育仪式体系。

第一节　高效落实“政治表达仪式”

政治表达仪式主要是指一些带有政治功能的特定仪式，普遍存在于大学生的日常学习生活中，常见的如升国旗仪式、入党宣誓仪式、军训阅兵仪式等，也包括一些重要的节日，如国庆节、建军节、建党节等举办的仪式。政治表达仪式聚焦于宣扬主流政治价值，重点实现对大学生的政治教化，增强他们的政治认同，使大学生树立正确的意识形态和政治信仰，在思想政治教育仪式中有着重要的地位。

一、政治表达仪式的实践发展

习近平总书记指出，要建立和规范一些仪式制度，传播主流价值，积极组织开展形式多样的纪念庆典活动，不断增强人们的认同感和归属感。① 其中，纪念庆典活动大多都是政治表达仪式，它具有规范化、程序化和实践性的特点，对培育和弘扬社会主义核心价值观，强化马克思主义以及习近平新时代中国特色社会主义思想在意识形态领域的指导地位，具有特殊意义和重要作用。近年来，国家已经把 9 月 3 日设定为中国人民抗日战争胜利纪念日，将 12 月 13 日确立为南京大屠杀受害者国家公祭日。我们不难发现，这不仅仅是提醒广大民众牢记历史、勿忘国耻、凝聚力量、奋力拼搏的应有启示，更蕴含与释放着尊重历史、崇尚和平、追求自由的重大意义。凯特·纳什指出，公共节日在国家形成的过程中起到了重要的作用，国家的执政者仍然支持着一年一度的将士纪念日、军队游行、国葬、独立日，或者其他表示国家团结的仪式，以此来加强一种集体的国家归属感。② 政治表达仪式包含极其丰富的理想信念教育、价值观教育等思想政治教育内容，通过蕴含特定政治含义的象征性符号，具有的明确的象征性，其程序具有庄严性和神圣性，“以其强烈的隐喻和暗指能力在操演过程中担负起输送和转移特殊政治信息的重任”③。

政治表达仪式虽然是我国思想政治教育的优良传统，但在当前的发展中正遭遇着现实的瓶颈。近些年来的政治表达仪式在培育社会主义核心价值观方面的作用，逐步暴露出缺乏科学指导，对传统礼仪文化汲取不足，形式化、虚假化、空洞化等问题。过于机械性简单化地反复操演，一成不变，“一样的象征媒介的持续使用会产生一种平凡而无新意的效果——惯例化”④，容易陷入形式主义，令人感到审美疲倦和懈怠，产生抵触和消极情绪。再加上商业化、功利性的经济因素对政治表达仪式的异化，以及

---

① 习近平. 习近平在中共中央政治局第十三次集体学习的讲话[N]. 人民日报，2014 - 02 - 26(1).

② (英) 凯特·纳什，阿兰·斯科特. 布莱克维尔政治社会学指南[M]. 李雪，吴玉鑫，赵蔚，译. 杭州：浙江人民出版社，2007.

③ 王海洲. 试析政治仪式中的声音符号及其象征意义[J]. 天津社会科学，2011(2).

④ (意) 马利亚苏塞·达瓦马尼. 宗教现象学[M]. 高秉江，译. 北京：人民出版社，2006.

行政化、权力化的政治因素对校园文化的侵占，使得一些政治表达仪式宣扬主流价值观的目的和内容发生扭曲。作为社会主义意识形态的接受者，参与政治表达仪式的学生容易被造成主体性缺失，没有被充分调动积极性和情感热情，极大地制约了其在培育和践行社会主义核心价值观过程中的主观能动性和作用发挥。随着当前教育环境的变化，很多政治表达仪式往往不能得到很好的落实，甚至一些思想政治教育工作者会认为这些是落后的事物，是没有意义的，因而产生了仪式开展的诸多问题。

二、政治表达仪式的落实途径

青年的价值取向决定未来整个社会的价值取向，而青年又处在价值观形成和确立的时期，抓好这一时期的价值观养成十分重要。① 加强对青年大学生社会主义核心价值观的培育和践行是当前高校思想政治教育工作的主要内容。因此，必须建立高校的政治表达仪式体系，规范高校的政治表达仪式制度，策划实施形式多样的纪念庆典等政治表达仪式化活动，增强青年大学生对社会主义核心价值观的认同感和归属感。

价值观的融入是思想政治教育仪式体系建构的核心，是提升仪式感染性的根本保证，更应在“政治表达仪式”中占据绝对的主导地位。正如章剑锋等指出的，“政治仪式在权威性宣教资源的掌控和行为准则的规范、情感认同的提升及归属感的增强、精神文化的塑造和道德体验的强化等方面作用独特，是高校开展价值观教育与培养的有效载体”②。政治表达仪式是对青年大学生进行社会主义核心价值观教育的重要而直接的方式，理应对仪式的内容有更高的要求，必须以弘扬社会主义核心价值为主要目标，将社会主义核心价值观的内容有机融入仪式行动中，避免“形式

① 习近平. 习近平谈治国理政[M]. 北京：外文出版社，2014.
② 章剑锋，陈璐婷. 政治仪式视野下的高校社会主义核心价值观培育[J]. 马克思主义研究，2015(12).

主义”，实现从“应然”到“实然”的转变。政治表达仪式的效果依赖于受众的接受程度，青年大学生由于特殊的年龄特点，思维活跃，但又充满叛逆，追求独特，尚未形成稳定的价值观念体系，其政治观往往处于由不成熟迈向成熟的重要阶段，在这种情形下，他们更容易接受仪式中所蕴含的政治观点。从思想接受的一般规律而言，施教目的越契合受众需要，越能引起其注意和反应；施教内容转化为受众越容易接受的思想信息，越能促使其选择和解读；施教载体越能引起受众情感参与，越能促使其感悟和内化；施教过程越注重受众已知与新知内容相融合，越能促使其巩固和强化。因此，政治表达仪式必须立足于思想政治教育仪式感染性的内在规律，坚持强化仪式的互动性，把握多元文化特点，传播主流价值，强化政治表达仪式价值的引领性；充分运用政治象征符号，增强大学生的情感共鸣，把握教育仪式的原则和规范，将参与者带入特定的政治情感体验中，实现政治价值的内化与传播；不断丰富仪式活动形式，将价值观教育与仪式活动深度结合，增强大学生社会主义核心价值观的感召力。在思想政治教育过程中，我们不仅应当加强“政治表达仪式”的改造和创新，以符合现代教育环境，而且每一个思想政治教育者都应当重视仪式的功效和作用，真正落实“政治表达仪式”，旗帜鲜明地弘扬主旋律。

第二节　创新发展“成长发展仪式”

“成长发展仪式”因其更加关注主体的成长发展，直接指向学生主体，对感染性的要求更高，更要充分尊重和重视学生主体的作用发挥。结合前文的现状考察，成长发展仪式因循守旧、照搬照抄的情况较为普遍，亟须创新发展，不仅要发挥育人功能，还要努力推动学生实现自我教育的更高目标。

一、成长发展仪式的润物无声功能发挥

范热内普在其著作《过渡礼仪》中首先提出“成长发展仪式”这一概念。他认为，人在一个角色到另一个角色的转化过程中需要一个仪式，“从一群体到另一群体”“从一社会地位到另一社会地位”的过渡被视为现实存在之必然内涵。因此，每个个体的一生均由一系列“过渡”组成，包括诞生、成熟、结婚、为人父母、社会阶层上升、职业化、专业化，乃至死亡。其中，每一个事件都伴有仪式，其根本目标也是相同的，“使个体能够从一确定的境地过渡到另一同样确定的境地”。① 他还在《人生礼仪》一书中指出，任何社会里的个体生活，都是随着其年龄增长而产生变化，“从一个阶段向另一个阶段过渡”。② 其中的每一个阶段都需要一种承上启下的“成长发展仪式”发挥作用。例如，学校会花费大量的人力、物力、财力去组织开学典礼和毕业典礼。这两个典礼一个是宣告学生在这一阶段的开始，一个是宣告这一阶段的结束。在开学和毕业典礼上，学校领导、老师、学长、家长一般都会通过出席和讲话的方式给学生以“成长”的明确示意，讲话的内容都会涉及这一阶段将要成为什么样的人或者毕业后要成为什么样的人，才能符合进一步学习的要求和社会的需要。此外，入党、入团仪式一般会通过宣誓、佩戴特殊标志等方式，宣告学生将要成为一名党员、团员。

人的积极性来源于人的需要，需要越强烈，积极性就越高。成长发展仪式能够让参与者在时空的浸润中，经历着整个大学为其举办的典礼，在庆祝身份转变的同时，感受大学的精神和气质。以近些年越来越受关注的新生开学典礼为例。作为高校一项重要的思想政治教育仪式活动，开

---

① (法)阿诺尔德·范热内普.过渡礼仪：门与门坎、待客、收养、怀孕与分娩、诞生、童年、青春期、成人、圣职受任、加冕、订婚与结婚、丧葬、岁时等礼仪之系统研究[M].张举文，译.北京：商务印书馆，2010.

② 彭兆荣.人类学仪式的理论与实践[M].北京：民族出版社，2007.

学典礼是为了庆祝新生开始一段新的生命历程，为大学注入新的个性元素，延续大学的精神和文化。开学典礼内容丰富、情感表达复杂，兼具了认可、团结、庆祝等情感互动与爱国主义、爱校荣校、成才励志的道德教育功能。例如，佩戴校徽、齐唱校歌加深了学校共同体的凝聚力量，有利于达成爱校荣校的教育目标，使新生充分感受大学的人文关怀，建立对学校的认同感和归属感；校长（老师、老生等）致辞既突出学校的历史与特色，又与学生分享人生经验和长者期许；舞台布置、统一服饰、奏唱国歌等都发挥了象征符号的教育功能，以促成培养爱国主义、爱校荣校教育目标的实现。新生对大学生活充满了好奇和不安，但开学典礼为他们营造了一种庄重而又欢乐的庆典气氛，尤其是为新生佩戴校徽显示出了学校对新生身份转变的认同。

二、成长发展仪式的自我教育功能实现

苏霍姆林斯基认为，只有能够激发学生去进行自我教育的教育，才是真正的教育。[①] 无论是学校教育、家庭教育，还是社会教育，育人是最核心也是最根本的。人本主义教育学认为，教育必须发挥人的主观能动性，要以人为本，让学生积极参与到育人的过程中来，培养学生自我教育的能力。《关于进一步加强和改进大学生思想政治教育的意见》（中发〔2004〕16 号文）指出，加强和改进大学生思想政治教育的基本原则之一是坚持教育与自我教育相结合。既要充分发挥学校教师、党团组织的教育引导作用，又要充分调动大学生的积极性和主动性，引导他们自我教育、自我管理、自我服务。好的教育必须是培养具有自我教育、自我管理能力的人，自我教育是教育得以实现的有效途径，教育的成果必须个人接受并内化于心才能够反映出来。

① （苏）B. A. 苏霍姆林斯基. 给教师的建议[M]. 杜殿坤，编译. 北京：教育科学出版社，1984.

成长发展仪式对学生自我教育的启发具有重要意义，思想政治教育只有把理论灌输与启发引导结合起来，通过激发学生的自主性，让学生意识到自己所扮演的社会角色，承担的社会责任，才能推动学生自我教育的发展。在思想政治教育仪式中，除了开学典礼，还有多种多样重要的“成长发展仪式”。这些仪式都具有重要的教育功能，可以促成受教育者对仪式价值的感知，并引发受教育者关于自身发展的思考以及对自身所处阶段的认知，从而形成良好的自我教育。从现实情况来看，目前的“成长发展仪式”还不够完善，高校应当结合自身特点，激活传统仪式的优秀基因，借鉴西方高校仪式的经验，创建更高质量的成长发展仪式，以更好地发挥仪式的思想政治教育功能。

第三节　传承整合“日常行为仪式”

日常行为仪式可以理解为我们通常所说的礼仪。中国古代的很多思想家已经认识到“礼”的重要作用，如《论语・季氏》里有“不学礼，无以立”；《礼记》中有“人有礼则安，无礼则危”；《荀子・修身》中有“人无礼则不生，事无礼则不成，国无礼则不宁”；《左传・昭公二十五年》中有“夫礼，天之经也，地之义也，民之行也”。可见，古人对于礼的重视的言论还有很多，这里难以一一列举。从这些言论中，我们可以知道礼对个人、社会和国家的方方面面都有着很大影响，礼仪性的思想政治教育仪式充分体现在我们的日常生活之中。

一、日常行为仪式的互动本质

日常行为仪式是日常生活中的规范礼仪，是主体自我建构的一些具有意义表达功能的重复性日常行为，其本质就是人们的日常互动。人类社会是在人与人之间的互动中形成的，互动是社会动力的来源。人与人的互动绝大多数都不是孤立的、生物性的，而是反映着社会规则和传统的，具有象征性的特点，这也说明了互动在大多数时候实际上都是一种仪式。对社会性的组织而言，仪式能够产生集体情感，并将这种情感与符号联系起来，从而构成组织信仰、组织思想、组织道德规范以及组织文化的基础。组织中的个人又利用仪式所产生的情感和符号，引发之后的社会互动。经过一定的时间，这种循环成为固定的仪式模式，这些仪式模式是组织社会最为基本的结构。① 因此，理解日常互动的一个重要视角就是将互动视为一种仪式。这些细小、琐碎的日常生活行为仪式实际上对维系社会的基本形态和秩序是至关重要的。人们的语言仪式其实包含着特定的先后顺序或潜在的互动规则，如在互动过程中使用“你好”说明一种情境的开始，用“再见”则说明需要结束这一情境，即意味着仪式的终止。这里的“再见”有时并不是真正意义上的再见，而仅仅是一种特定的仪式的规则，这是因为大多数时候可能永远也不会再见。这里的“你好”和“再见”也是仪式程序中仪式转换的标志。② 这一发现也适用于思想政治教育仪式，因为思想政治教育的根本目标就是在仪式中传递社会规则，使受教育对象能够健康、正常地实现社会化。同时，我们也可以从互动理论中得出，在教育场域中，仪式并不仅仅指具有宏大场面的集体行动，只要是重复出现的、相似的，并且凸显一定意义的互动，都可以被视为教育的仪式，我们称这种日常互动的仪式为“日常行为仪式”。思想政治教育的“日常行为仪式”融入大学生的日常生活，包含在大学生的整个受教育历程中，既普遍存在，如见面时相互问候，分别时挥手再见，见到师长时起立、让座、倒水等，又喜闻乐见，更加习以为常，更具有普遍性和潜隐性，更能

---

① Stets J E, Turner J H. Handbook of the sociology of emotions[M]. New York: Springer Verlag, 2006.

② (美)兰德尔·柯林斯. 互动仪式链[M]. 林聚任，王鹏，宋丽君，译. 北京：商务印书馆，2009.

够发挥仪式的感染性效果，更加容易实现对受教育者的积极影响，应该作为高校思想政治教育仪式的内容加以规划设计和有效利用。

作为人们生活的重要组成部分，日常行为仪式以极具意义的方式展现在人们面前，赋予了生活化行为更多的价值和意义。但也不是所有的日常行为都是日常行为仪式，总结日常行为仪式的固有特点，可以概括为以下四个方面：第一，日常行为仪式必须是在日常生活中被大家认可的且不断重复进行的，因而具有日常性、例行性，如见面问好等礼仪；第二，日常行为仪式不同于日常生活中随意的行为，一般会遵循特定的程序，如握手、鞠躬、上课前师生相互问候，等等；第三，日常行为仪式是社会性的仪式，是社会性行动，不是个人单独的行动；第四，日常行为仪式要具有符号意义，这是日常行为仪式最重要的特点。在我们的日常生活中，此类仪式主要包括日常工作礼仪、祈福仪式和日常情感仪式等，如默哀仪式、商务礼仪、社交礼仪，等等。日常行为仪式能够在复杂的日常生活世界中凝练出具有规范性的仪式程序，并通过这些规范赋予那些操演者独特的意义，促使人们在日常行为仪式中接受社会规范和价值传递，并不断重新认识自我、建构自我、传递教育价值。

二、日常行为仪式的融合发展

自古以来，中国是礼仪之邦，礼部是国家治理结构的重要组成部分，中国也形成了丰富多彩的礼仪文化，足见礼仪的重要性。在传统仪式中，有大量的此类仪式，饮酒有饮酒礼、相见有相见礼，还有一些射礼、燕礼、祭祀礼等日常礼仪。近现代以来，受西方文明的冲击，我们对传统文化进行了深刻的反思与否定，这些日常行为仪式逐渐从人们日常生活中淡化、消逝。与此同时，日常行为仪式弥漫于日常生活，容易被视作自然而然、理所应当的事，最后被熟视无睹。特别是近年来，随着工作节奏的加快、生活现代化程度的提高，尤其是思想进一步解放，人们在日常生活中的传统行为仪式已经不见了踪影，新时代的日常行为仪式还没有完全成型，呈现着传统与西化的对立和并存、现实与虚拟的冲突和融合，这是当前开展思想政治仪式教育迫切需要解决的难题。

高校在利用仪式开展思想政治教育时，要特别重视日常行为仪式的建构。遗憾的是，在目前的教育体制下，升学压力让人们忽视了日常行为仪式的作用，日常行为仪式更多地出现在幼儿教育和小学教育过程中，但在大学校园中，老师上课时与学生相互问好已经成为一种“特例”。实际上，日常行为仪式应当被包含在学生的整个受教育历程中。各个学校也应当结合自身的特色，并结合社会主义核心价值观和中华民族传统优秀礼仪文化，重视建构符合自身特点的日常行为仪式，从而创造具有象征意义的艺术化行动，增强仪式的感染力。只有这样，学校才能营造良好的教育氛围，在日常生活中，对受教育者产生持久而积极的影响。因此，必须重视日常行为仪式的构建与日常礼仪的习得，以习近平新时代中国特色社会主义思想为引领，营造积极、友善、文明、和谐的日常行为仪式情境。

第四节　重新审视“表彰激励仪式”

表彰激励仪式，即通过程序性的仪式，树立和弘扬榜样典型，营造启迪心灵的氛围，并通过象征性符号的展示、场景氛围的熏染，对学生进行品德、情感和价值观教育，以实现文明礼仪教育、社会公德培养、成就动机激发、学校文化传承、自我身份认同和文明习惯养成的目标。

一、表彰激励仪式的育人功能弱化

表彰激励仪式的实质是榜样教育，在每一所学校都有形形色色的表彰激励仪式。例如，大多数高校每年都要在“五四青年节”对优秀个人或集体进行表彰，也就是借助“五四”这样一个的特殊日子，对优秀个人或集体给予激励，为其他学生树立学习的榜样和追逐的标杆。此外，各种类型的奖学金颁奖仪式等，是为了树立榜样，激励更多学生好好学习。作为最常见的思想政治教育仪式，类型繁多、形式多样的表彰激励仪式在发挥积极作用的同时，更容易呈现出的“泛滥”态势。经常性、大会化、形式化的表彰激励仪式不仅会丧失育人功能，甚至会起到负面的效果，教育管理者必须按照与时俱进和积极创新的思想政治教育仪式系统建构要求，重新审视和整合表彰激励仪式，营造和完善有利于榜样树立和激励人们学习的仪式情境，进一步提升榜样育人的功效。

实际上，有些表彰激励仪式并不能完全被称为仪式，更确切地讲应该被称为“表彰大会”。这是因为在这些活动中，表彰的意义仅限于形式化地完成表彰任务，活动设计的中心往往是“领导颁奖”环节，并没有意识到所有参与大会的师生都是参与表彰激励的主体。当前的表彰激励仪式至少存在以下几个问题：首先是仪式宣扬的价值迷失。在表彰激励仪式中，榜样的选取往往是仪式价值的体现，但由于教育的功利化，榜样选取通常是单一标准的，选取的对象往往“曲高和寡”，使仪式参与者向榜样学习仿效的情感认同度和积极性受到挫伤，对榜样由崇拜的模仿急剧演化为不屑、排斥。其次是仪式程序的形式化。在表彰激励仪式上，过分强调了政治权力的作用，很多仪式设计不是以学生为中心，而是以领导、老师为中心。这种仪式设计违反了仪式感染性的主体间性原则，非常不利于表彰激励仪式功效的实现。第三是表彰激励仪式的创新性不足。当前的表彰激励仪式过程重复、形式单一、互动性较差，仪式的设计往往是因循旧例，没有做到因时而新，导致仪式往往演变成了大会，大会结束后就无人问津，严重影响了表彰激励仪式的教育功能。此外，表彰激励仪式还存在一个问题，即“唯成绩”论。相对单一的表彰评价标准并不能够有效地传播社会主义核心价值观，反而会影响表彰激励仪式的感染性。当前的表彰激励仪式虽然很多，但“大会化”的表彰激励仪式已丧失育人功能。因此，高校必须以社会主义核心价值观融入为核心，尊重学生主体，完善仪式情境，进一步提升榜样育人的功效。

二、表彰激励仪式的榜样力量再拾

表彰激励仪式借助榜样的力量，潜移默化地实现对仪式主体的感染。美国著名心理学家阿尔伯特·班杜拉的社会学习理论对理解表彰激励仪式具有重要意义。社会学习理论认为，一个人从行为动作的模拟到语言表达的掌握，从态度的学习到基本人格的形成，榜样在其中发挥了重要的作用，这些基本特征都是通过对榜样的观察和模仿实现的。榜样的身上蕴含着社会所认同的主流价值观，具有时代的特征，能够满足社会对价值的追求，因而榜样树立是一种重要的教育方式。仪式主体由榜样示范而产生引导力，由学习认知而产生驱动力，由角色规范而产生压力，三者形成复合型的、多向度的动力系统，支持主体与外部环境持续交流和相互影响，从而产生了仪式的价值内化。

表彰激励仪式就是通过榜样力量的塑造，借助榜样人物高大光辉的形象，构建起激励人们模仿与学习的仪式情境的。表彰激励仪式能让参与者在仪式过程中受到鞭策和鼓舞，在敬佩和模仿中体会、理解和接受榜样力量的文化属性、精神实质、价值观念和时代内涵。在表彰激励仪式潜移默化的作用下，参与者会有选择性地将榜样的力量融入自身的价值体系中去，将以榜样为目标的价值内化为自身信念的一部分。同时，表彰激励仪式不仅仅是对获奖者的表彰，更是希望通过具有感染性的仪式来提升表彰的激励传播效果。例如，为了使表彰产生更广泛的影响力，某高校规定凡是在某方面获得荣誉的学生，都可以接受校长的邀请与其共进早餐，这在学生当中引起了巨大的反响和讨论。与校长共进早餐实际上是具有“表演性”的仪式，关注、申请和参与讨论实际上都参与了该仪式，参与仪式产生的荣誉感会在同学的互动中得到传递和内化。因此，表彰激励仪式必须树立榜样，再拾榜样力量，从而促进受教育者对表彰激励仪式荣誉感的感知和内化，获得仪式的实际价值。

第五节　改革规范“规训惩罚仪式”

教育中的规训惩罚仪式是指依据一定的规章制度，并借助一定的象征性仪式，作用于学生个体（群体），并对学生个体（群体）进行规训与惩罚，使学生意识到自己违反规范的问题和后果，激发学生由外部规范走向内在自觉，并在其他仪式参与者之间形成警示，以达到规训的目的。

一、规训惩罚仪式的不可或缺

思想政治教育仪式既有政治性、教育性，又具有程序性，而程序性主要就体现在规范性和强制性上，其本质就含有权力、权威和合法性等要素，在一定程度上所呈现、传递和强化的就是某一政治意义。为了达到这一特定的教育目的，维护特定的社会秩序和政治秩序，规训与惩罚就成了一种必要的手段和途径，普遍存在于古往今来的社会生活中。作为思想政治教育仪式的一种，规训惩罚仪式的主要功能就是通过对某种行为确定一种引导性、倾向性的解释，进而使之自然而然在全社会达成基本一致。教育中的规训惩罚仪式之所以产生，源自国家和社会对教育的本质要求。教育是带有显著权力属性的，在极大程度上以统治阶级的信仰为基础，进行人的社会性的铸塑。高校中的规训惩罚仪式将仪式活动的场所限定在大学的场域内，通过学校的规章制度和规范要求，达成烙刻政治与文化印记的目的。随着社会的发展，出于对人权的关注和对学生个体的保护，这类仪式在高校中越来越淡化、隐性，但仍然普遍存在，并发挥着不可替代的作用，如课堂上的公开批评、会议上的检讨等。

规训惩罚仪式在学校教育的过程中具有重要的作用，也是从古至今都存在的仪式。规训理论的提出者福柯指出，学校教育规训主要有三种手段：一是层级监视，即纪律的实施必须有一种借助监视而实行强制的机制；二是规范化裁决，即依据已有的规章制度，对违规或不达标者采取相应的惩罚措施；三是检查，也就是把层级监视的技术与规范化裁决的技术结合起来，能够导致定性、分类和惩罚的监视。① 高校通过这三种手段，对学生实施规训与惩罚。通过思想政治教育仪式，学生的个体思想和行为可以发生改变，其实质是通过规训与惩罚的方式，将仪式与学生“身体”紧密地结合起来，以“身体”的改变唤起其思想上的转变。可以说，思想政治教育活动中的规训惩罚仪式，往往是通过特定的活动形式，利用外在的规章制度和现实的规训手段，促使规章制度内化于心，从而实现对学生的思想政治教育。

二、规训惩罚仪式的认识与规范

现代的教育理念对规训惩罚仪式带有明显的批判色彩，特别是一些学校的惩罚措施还遭到了家长的口诛笔伐，但其也确实有一定的合理性。比如，在中国传统文化中，就一直有着规训与惩罚的传统，而且很多规训惩罚仪式在现代看来甚至具有一定的残酷性。有学者研究指出，在中国漫长的历史中，肉体型、示众文化的特点始终存在，并形成了一种顽固的情结，这种文化和心理贯穿于现代教育发展的过程中。在古代甚至近现代的死刑执行过程当中，大部分过程都是公开行刑，其目的是示众以警示他人，并宣告行刑者的权威。除了处决示众，一些旨在侮辱性的示众行为更加常用，例如在历史上出现过的明刑、枷号刑和去衣杖臀等示众方式，

① （法）米歇尔·福柯. 规训与惩罚：监狱的诞生[M]. 刘北成，杨远婴，译. 北京：生活·读书·新知三联书店，2003.

以及近现代仍存在的游街示众等。人们将这种方式视作一种“节日”，共同参与有助于维护社会秩序，并宣示和传播社会的整体道德。中国传统教育中也不乏打手板、罚站、公开检讨、当众批评、大字报等以体罚、示众为主要惩罚手段的仪式。对于传统文化规训惩罚中的体罚、示众文化，无论是在当代还是在后现代的社会理论中，都受到了广泛批判。从价值立场上，笔者同样也认为这是一种落后的文化，但这并不意味着否定规训惩罚仪式对于学校教育和社会建设的积极意义。规训与惩罚是思想政治教育的必要手段，往往需要借助一定的仪式实现对个体的惩戒教育，以及对他人的警示教育。但当前，这种以“惩”与“罚”为主要内容和形式的仪式，因其落后的规训方式、教育要求的转向、高校法治化程度的差异和学生新的时代特点等，遭遇了现实的批判与解构，不断被弱化和替代，亟须与时俱进、创新规范，将惩罚和育人有效融合，真正提升仪式的感染性。

虽然后现代的规训惩罚理论带有明显的批判和解构的价值立场，但我们不能否定其认识的深刻性。相反，我们更应该认清后现代思想天然的局限性，并据此反思规训惩罚仪式的形式如何设计、尺度如何把握等，从而更好地开展思想政治教育。当前，中国受西方多元化思潮的影响，主要是受西方后现代思潮的影响，很多学者提倡民主教育，反对对受教育者的惩罚，但民主教育并不是说不能惩罚，而是反对在思想政治教育过程中的家长制、一言堂，反对带有侮辱性的规训惩罚仪式。在目前的教育场域之中，思想政治教育工作者往往因为惩罚问题面临着两难困境，惩罚不当会影响自己的职业声望，但如果不进行惩罚，又很难对受教育者产生影响，导致思想政治教育的规训惩罚仪式非常混乱，陷入无法可依、有法难依的现实困境。因此，如果要推进思想政治教育仪式的发展，就必须创新规范“规训惩罚仪式”，研究制定标准的仪式规范，注重仪式的教育功能，通过特定的仪式程序、仪式情境促进学生的反思，将惩罚与育人相结合，让仪式所包含的价值内涵真正内化到受教育者心中。

第六节　创新构建“网络教育仪式”

网络空间是亿万民众共同的精神家园。网络空间天朗气清、生态良好，就符合人民利益；网络空间乌烟瘴气、生态恶化，就不符合人民利益。我们要本着对社会负责、对人民负责的态度，依法加强网络空间治理，加强网络内容建设，做强网上正面宣传，培育积极健康、向上向善的网络文化，用社会主义核心价值观和人类优秀文明成果滋养人心、滋养社会，做到正能量充沛、主旋律高昂，为广大网民，特别是青少年营造一个风清气正的网络空间。① 信息网络时代给思想政治教育研究和实践带来了新的机遇和挑战，加强网络思想舆论引导，重视发挥网络新媒体手段，是当代思想政治教育的重要内容。基于网络平台的高速发展和平等、交互、内容丰富的特点，以及当代大学生对网络的热爱和关注，网络正在迅速发展成为思想政治教育仪式更加广阔的实践空间。教育管理者必须高度重视对网络空间的主动占领和积极作为，按照思想政治教育仪式体系建构的基本规范，创新构建具有高感染性的“网络教育仪式”，从而让思想政治教育仪式在网络空间中实现提质增效。

回顾网络思想政治教育研究和实践的发展历程，相关研究还存在着范畴不确定、语言无边界和观念滞后等不足，尤其需要更加关注由“偏重外化”到“注重内化”的转向、由表层研究到理论研究和实践探索的转向，这与本书关于思想政治教育仪式感染性的研究不谋而合。网络思想政治教育是伴随着信息网络时代产生的思想政治教育新形态，具有区别于传统思想政治教育的本质要求，其前提是将教育对象吸引在思想政治教育

① 人民日报评论员：让网络空间天朗气清[N]. 北京：人民日报，2016－04－23(1).

的网络平台，着重提高受教育者的判断能力，最终引导、启发、帮助学生在科学判断的基础上作出正确的选择。教育工作者必须充分考虑和利用网络空间，不仅要有效占领，更要创造更广阔的思想政治教育仪式空间。当然，教育工作者只掌握影响仪式感染性的基本要素仍不够，还必须从以下几个方面进一步把握其内在机理，设计好网络思想政治教育仪式：一是明确网络教育仪式的价值内涵，营造良好的教育情境，既关注仪式主体对仪式价值的无意识感染，也推动主体价值的有意识建构；二是充分引导网络教育仪式参与主体的情感共鸣，设立模仿与反馈的有效机制，激发主体的联想学习，鼓励主体间的共感表达；三是充分利用网络教育仪式平等、互动的积极意义，通过交互感染和仪式价值与情感的循环传播，强化仪式主体的情绪体验和情感认同；四是鼓励网络教育仪式主体对仪式价值的认同和传播，让仪式价值真正内化于心。只有充分理解和真正把握仪式感染性的作用机理和网络思想政治教育的规律，从思想政治教育仪式体系建构的基本规范出发，才能真正做好网络教育仪式的程序设计，高效发挥网络思想政治教育仪式的育人功能。

第八章　结　语

习近平总书记指出，青年兴则国家兴，青年强则国家强。青年一代有理想、有本领、有担当，国家就有前途，民族就有希望。大学生是青年的代表，是祖国的未来、民族的希望。大学是立德树人、培养人才的地方，必须站在民族、国家乃至全人类的高度，全面审视和关注大学生的成长成才，在培养人的过程中必须让学生深刻感悟马克思主义真理力量，为学生成长成才打下科学思想基础。要坚持不懈培育和弘扬社会主义核心价值观，引导广大师生做社会主义核心价值观的坚定信仰者、积极传播者、模范践行者。[①] 因此，高校必须增强“四个意识”、坚定“四个自信”、做到“两个维护”，坚持社会主义大学办学方向，紧密围绕立德树人根本任务，强化社会主义核心价值观教育，不断加强和改进思想政治教育的理论研究和实践应用。

---

① 习近平. 习近平在北京大学师生座谈会上的讲话[N]. 人民日报，2018－05－03(2).

新时代、新起点，我们更需要站在新的高度，全方位思考和深入研究思想政治教育仪式在高校培养人才过程中的重要作用，充分发挥仪式的感染性，春风化雨润物无声，潜移默化地增强大学生的政治信仰、价值观念、道德水平等综合素质，培养德智体美劳全面发展的社会主义建设者和接班人。这就要求我们必须顺应新时代的教育要求，不断创新思想政治教育工作的方式方法，聚焦学生培养的核心内容和关键环节。笔者结合工作实践，从理论梳理、历史考察、实证研究入手，总结提出"感染性"概念、作用机理，进而初步构建了高校思想政治教育仪式体系构建的基本规范和重点内容，并通过解读"带着国旗去旅行"网络教育仪式实践个案，探索性地勾画出了高校思想政治教育仪式及其感染性，这正是本书的创新之处。笔者发现，要真正实现或者达到理论的设计和实践的要求，还有若干个命题需要进一步解决。

一、创新之处

本书基于对高校思想政治教育仪式的深度解析，侧重构建其感染性的理论框架，聚焦仪式感染性的本质内涵和作用机理，将高校思想政治教育仪式研究从宏观方面带入了更微观的领域，既从理论上剖析清楚高校思想政治教育仪式的本质属性，又从实践上把握高校思想政治教育仪式的现实状况，进而在理论阐释和实证调研的基础上，创新建构了适应当前教育环境的新时代高校思想政治教育仪式体系，为新时期高校思想政治教育仪式建设提供指导和借鉴。总结而言，本书的创新之处可以总结为以下两点。

一是尝试性地提出了思想政治教育仪式感染性的概念、内涵和作用机理。作为思想政治教育的重要载体和有效手段，仪式是一个历久弥新的研究旨趣，目前已有不少关于仪式及其思想政治教育功能的研究成果，高校也在不断进行着广泛的仪式实践。但在现实中，因循守旧、千篇一律的仪式充斥校园，育人效果还不显著，无论是理论还是实践，都亟须取得突破。而思想政治教育仪式感染性是一个尚未成熟的问题领域，对仪式感染性的研究局限于宏观层面，局限于对其他学科的借鉴和学习。研究建构感染性理论，将思想政治教育仪式的研究从宏观引入微观，形成独具特色的思想政治教育仪式及其感染性的理论体系，无疑为解决上述问题提供了路径，这正是本书的核心内容和创新点。

二是立体建构了新时代高校思想政治教育仪式体系。新时代要有新作为，本书全面审视高校思想政治教育仪式的现实困境，从新时代高校思想政治教育工作的新高度对思想政治教育仪式体系建构的规范和重点内容等基本理论问题进行了深入探讨，系统回答了高校思想政治教育仪式的功能定位、规律特征、现实状况、作用机理、构建方向等一系列重要问题。这些问题相互联系、互为表里，共同构成了一个完整的高校思想政治教育仪式理论框架，为进一步开展高校思想政治教育仪式提供了理论支撑和实践指导。具体来说，本书以思想政治教育仪式感染性的概念界定、属性揭示、机理分析为逻辑起点，以高校思想政治教育仪式的现实状况为实践基础，通过广泛调查，深入考察仪式对大学生价值观生成的作用机理，明确了新时期高校思想政治教育仪式的基本内容，提出了新时期高校思想政治教育仪式的根本目标和方法路径，尝试构建了一套高校思想政治教育仪式体系。这套体系既符合新时代思想政治教育要求，又符合大学生成长成才需要；既符合大学生价值观产生发展规律和现实状况，又具有一定前瞻性。

二、需要进一步研究的若干议题

在本书中，笔者从理论梳理、概念提出、历史考察、实证研究，总结作用机理，初步构建了高校思想政治教育仪式体系构建的基本规范和重点内容，并通过实践个案进行了解读，探索性地勾画出了高校思想政治教育仪式感染性的全貌。但笔者也发现，要真正实现或者达到理论的设计和实践的要求，尚有如下议题需要持续关注并进一步研究。

一是高校思想政治教育仪式感染性的科学性问题。对于思想政治教育仪式感染性本质内涵的分析、理解和把握是一个比较新的课题，需要更加深入地挖掘其本质，持续创新其时代的内涵，有效反映思想政治教育仪式感染大学生、影响大学生价值观的现实过程。本书虽然竭力梳理和概括，但仍旧失之偏颇，存在疏漏。在未来的研究中，我们还需要将高校思想政治教育仪式及其感染性问题置于新时代的历史背景、全球化的经济浪潮、信息化的文化传播等方方面面进行深入研究与实践，进而剖析和把握高校思想政治教育仪式的瓶颈问题和突出矛盾，把握不同时代大学生的群体结构和特点，了解新时代高校思想政治教育仪式及其感染性问题的重大理论价值和现实意义。

二是高校思想政治教育仪式感染性认识的有限性问题。作为思想政治教育仪式本身固有的属性，感染性长期以不同形态存在和表现，学界、教育者、社会大众的认识情况均有所不同，且程度高低不一。作为新提出的概念，“感染性”自然需要一个深化、传播并获得广泛认同的过程，这个过程还一定不会是一蹴而就的过程，而是需要不断研究、互通融合的，认识、理解、接纳的过程。

三是高校思想政治教育仪式及其感染性的操作性问题。近些年，高校仪式泛化、形式化等问题的产生既有组织者认识的偏离，更有实践中的操作性难题。虽然我们已经认识到思想政治教育仪式及其感染性的重要意义，但在具体操作中还受到诸多限制，如时间约束、空间限制、经费保障、机制约束、官僚体制等。这些问题的产生有客观原因，也有主观原因，需要从上到下，乃至全社会的认识深化和环境条件的不断改善。

参考文献

一、图书报刊类

[1] 马克思,恩格斯.马克思恩格斯选集：第1卷[M].中共中央马克思恩格斯列宁斯大林著作编译局,编译.北京：人民出版社,2012.

[2] 马克思,恩格斯.马克思恩格斯选集：第3卷[M].中共中央马克思恩格斯列宁斯大林著作编译局,编译.北京：人民出版社,2012.

[3] 马克思,恩格斯.马克思恩格斯选集：第4卷[M].中共中央马克思恩格斯列宁斯大林著作编译局,编译.北京：人民出版社,2012.

[4] 马克思,恩格斯.马克思恩格斯文集：第8卷[M].中共中央马克思恩格斯列宁斯大林著作编译局,编译.北京：人民出版社,2009.

[5] 马克思,恩格斯.马克思恩格斯全集：第22卷[M].中共中央马克思恩格斯列宁斯大林著作编译局,译.北京：人民出版社,2006.

[6] 马克思,恩格斯.马克思恩格斯全集：第42卷[M].中共中央马克思恩格斯

恩格斯列宁斯大林著作编译局，译. 北京：人民出版社，2006.
[7] 列宁. 列宁选集：第 2 卷[M]. 中共中央马克思恩格斯列宁斯大林著作编译局，编译. 北京：人民出版社，2012.
[8] 列宁. 列宁全集：第 55 卷[M]. 中共中央马克思恩格斯列宁斯大林著作编译局，译. 北京：人民出版社，1990.
[9] 毛泽东. 毛泽东文集：第 2 卷[M]. 中共中央文献研究室，编. 北京：人民出版社，1993.
[10] 毛泽东. 毛泽东文集：第 7 卷[M]. 中共中央文献研究室，编. 北京：人民出版社，1999.
[11] 邓小平. 邓小平文选：第 2 卷[M]. 北京：人民出版社，1994.
[12] 习近平. 习近平谈治国理政[M]. 北京：外文出版社，2014.
[13] 习近平. 习近平在全国高校思想政治工作会议上强调：把思想政治工作贯穿教育教学全过程　开创我国高等教育事业发展新局面[N]. 人民日报，2016-12-09(1).
[14] 习近平. 习近平在北京大学师生座谈会上的讲话[N]. 人民日报，2018-05-03(2).
[15] 习近平. 习近平在中共中央政治局第十三次集体学习的讲话[N]. 人民日报，2014-02-26(1).
[16] 习近平. 习近平在第二届世界互联网大会开幕式上的讲话[N]. 人民日报，2015-12-17(2).
[17] 习近平. 习近平在纪念马克思诞辰 200 周年大会上的讲话[N]. 人民日报，2018-05-05(2).
[18] 教育部思想政治工作司. 加强和改进大学生思想政治教育重要文献选编(1978-2014)[M]. 北京：知识产权出版社，2015.
[19] 贵州省余庆县地方志编纂委员会. 余庆县志[M]. 贵阳：贵州人民出版社，1992.

[20] 张耀灿,郑永廷,吴潜涛,等.现代思想政治教育学[M].北京：人民出版社,2006.
[21] 张耀灿,等.思想政治教育学前沿[M].北京：人民出版社,2006.
[22] 陈万柏,张耀灿.思想政治教育学原理[M].北京：高等教育出版社,2007.
[23] 吴潜涛,等.中国精神教育读本[M].北京：人民出版社,2014.
[24] 贵州省毕节地区地方志编纂委员会.毕节地区志：教育志[M].贵阳：贵州人民出版社,1994.
[25] 席勒.美育书简[M].徐恒醇,译.北京：中国文联出版公司,1984.
[26] 福柯.规训与惩罚：监狱的诞生[M].刘北成,杨远婴,译.2版.北京：生活·读书·新知三联书店,2003.
[27] 龙汉宸,等.礼记[M].北京：北京燕山出版社,1995.
[28] 第斯多惠.德国教师培养指南[M].袁一安,译.北京：人民教育出版社,2001.
[29] 房玄龄,等.晋书[M].北京：中华书局,2011.
[30] 戈夫曼.日常生活中的自我呈现[M].冯钢,译.北京：北京大学出版社,2008.
[31] 陈秉公.思想政治教育学原理[M].沈阳：辽宁人民出版社,2001.
[32] 杨治良,郝兴昌.心理学辞典[Z].上海：上海辞书出版社,2016.
[33] 沙莲香.社会心理学[M].北京：中国人民大学出版社,1987.
[34] 郭于华.仪式与社会变迁[M].北京：社会科学文献出版社,2000.
[35] 王铭铭.想象的异邦：社会与文化人类学散论[M].上海：上海人民出版社,1998.
[36] 陈国强.简明文化人类学词典[Z].杭州：浙江人民出版社,1990.
[37] 时蓉华.社会心理学词典[Z].成都：四川人民出版社,1988.
[38] 彭兆荣.人类学仪式的理论与实践[M].北京：民族出版社,2007.

[39] 黄珉珉. 心理学[M]. 合肥：中国科学技术大学出版社，1995.
[40] 邓尔麟. 钱穆与七房桥世界[M]. 2 版. 蓝桦，译. 北京：社会科学文献出版社，1998.
[41] 章开沅，马敏. 社会转型与教会大学[M]. 武汉：湖北教育出版社，1998.
[42] 李才栋. 中国教育管理制度史[M]. 南昌：江西教育出版社，1996.
[43] 孙培青. 中国教育管理史[M]. 北京：人民教育出版社，1996.
[44] 田海洋. 道德之维：民国时期训育研究[M]. 杭州：浙江大学出版社，2012.
[45] 邹绍清. 当代思想政治教育方法论发展研究[M]. 北京：人民出版社，2013.
[46] 黑格尔. 哲学史讲演录：第二卷[M]. 贺麟，王太庆，译. 北京：商务印书馆，1960.
[47] 黑格尔. 美学：第 1 卷[M]. 朱光潜，译. 北京：人民文学出版社，1958.
[48] 涂尔干. 宗教生活的基本形式[M]. 渠东，汲喆，译. 上海：上海人民出版社，1999.
[49] 彭国华. 重构合理的生活世界：哈贝马斯的现代性理论研究[M]. 北京：北京师范大学出版社，2015.
[50] 特纳. 仪式过程：结构与反结构[M]. 黄剑波，柳博赟，译. 北京：中国人民大学出版社，2006.
[51] 胡塞尔. 胡塞尔选集[M]. 倪梁康，选编. 上海：上海三联书店，1997.
[52] 海德格尔. 存在与时间[M]. 陈嘉映，王庆节，译. 北京：生活・读书・新知三联书店，1999.
[53] 哈里森. 古代的艺术与仪式[M]. 吴晓群，译. 郑州：大象出版社，2011.

[54] 布留尔. 原始思维[M]. 丁由，译. 北京：商务印书馆，1981.

[55] 马戈利斯. 高等教育中的潜在课程[M]. 薛晓华，译. 上海：华东师范大学出版社，2005.

[56] 布朗. 社会人类学方法[M]. 夏建中，译. 济南：山东人民出版社，1988.

[57] 苏霍姆林斯基. 给教师的建议[M]. 杜殿坤，编译. 北京：教育科学出版社，1984.

[58] 阿诺尔德·范热内普. 过渡礼仪[M]. 张举文，译. 北京：商务印书馆，2010.

[59] 丹森. 情感论[M]. 魏中军，孙安迹，译. 沈阳：辽宁人民出版社，1989.

[60] 弗洛姆. 健全的社会[M]. 孙恺详，译. 贵阳：贵州人民出版社，1994.

[61] 纳什，斯科特. 布莱克维尔政治社会学指南[M]. 李雪，吴玉鑫，赵蔚，译. 杭州：浙江人民出版社，2007.

[62] 达瓦马尼. 宗教现象学[M]. 高秉江，译. 北京：人民出版社，2006.

[63] JACKSON P W. Life in classrooms[M]. New York: Teachers College Press, 1968.

[64] 勒庞. 乌合之众：大众心理研究[M]. 冯克利，译. 北京：中央编译出版社，2004.

[65] 柯林斯. 互动仪式链[M]. 林聚任，王鹏，宋丽君，译. 北京：商务印书馆，2009.

[66] 中共中央文献研究室. 十六大以来重要文献选编(中)[M]. 北京：中央文献出版社，2006.

[67] 冯波. 宗教社会学研究[M]. 北京：中国传媒大学出版社，2014.

[68] COLLINS R. Interaction ritual chains [M]. New Jersey: Princeton University Press, 2004.

[69] STETS J E, TURNER J H. Handbook of the sociology of emotions[M]. New York: Springer Verlag, 2006.

二、期刊论文类

[1] 张澍军. 略论思想政治教育的深层价值[J]. 思想教育研究, 2010(7).
[2] 李忠军. "铸魂育人"是思想政治教育本质核心内涵的探讨[J]. 思想理论教育导刊,2015(10).
[3] 李忠军. 中国梦·社会主义核心价值观·中国精神三位一体的铸魂逻辑[J]. 社会科学战线,2015(6).
[4] 李忠军. 关于"灵魂"进入思想政治教育基本范畴的探讨[J]. 教学与研究,2015(11).
[5] 彭兆荣. 人类学仪式研究评述[J]. 民族研究,2002(2).
[6] 王小凤. 仪式教育改革之路[J]. 中国德育,2012(15).
[7] 刘萍. 论仪式在高校思想政治工作中的作用[J]. 高等农业教育, 1999(11).
[8] 林伯海,李锦红,宋刚. 试析大学生隐性思想政治教育模式[J]. 思想理论教育导刊,2008(3).
[9] 胡宝国. 仪式教育在高校思想政治教育中的运用[J]. 思想理论教育,2009(9).
[10] 王爱祥. 论仪式在高校社会主义核心价值观教育中的运用[J]. 学校党建与思想教育,2015(21).
[11] 王爱祥,王阳. 网络空间思想政治教育仪式的理论建构及其实践[J]. 思想教育研究,2018(7).
[12] 汪国华. 生活意义的再造: 新生代农民工日常行为的仪式化研究[J]. 中国青年研究,2010(4).

[13] 吴翠丽.社会主义核心价值观嵌入日常生活的内在机理与实现路径[J].南京社会科学,2015(2).
[14] 李荣华,田晓伟.大学生思想政治教育中的仪式:价值与路径[J].思想理论教育导刊,2011(2).
[15] 平章起,刘爱玲,王贵菊.学校仪典活动的德育功能研究[J].思想教育研究,2012(4).
[16] 王洁敏,尹茂盛.试析仪式在高校思想政治教育中的作用[J].思想教育研究,2008(6).
[17] 杨立英.现代公民道德教育的方法论思考[J].思想理论教育导刊,2004(10).
[18] 孙友发,董朝.网络新闻的互动仪式与受众社会认同:以魏则西事件为例[J].新闻界,2016(19).
[19] 谭建光,李学铭,丛彤.人类认识史中的青年期主体性[J].中国青年研究,1992(6).
[20] 刘志坚.心理学视角下的高校德育低效反思[J].南华大学学报(社会科学版),2008(1).
[21] 宋立文,高艺菲.固本铸魂　整体育人:访重庆市沙坪坝区教委主任肖长树[J].中国德育,2014(18).
[22] 章剑锋,陈璐婷.政治仪式视野下的高校社会主义核心价值观培育[J].马克思主义研究,2015(12).
[23] 丁荷生,由红,高师宁.中国东南地方宗教仪式传统:对宗教定义和仪式理论的挑战[J].学海,2009(3).
[24] 刘路,陈晓华.传播学视野下的宗教仪式与媒介利用[J].宗教学研究,2009(2).
[25] 李跃忠.论衡阳影戏的宗教仪式功能[J].衡阳师范学院学报,2009(2).

[26] 汪媛. 现代仪式性消费行为研究：从传播的仪式观视角[J]. 法制与经济，2015(11).

[27] 钟玉英，陈昌文. 论宗教仪式行为对藏民族特性的形塑作用[J]. 宗教学研究，2005(1).

[28] 薛艺兵. 对仪式现象的人类学解释（上）[J]. 广西民族研究，2003(2).

[29] 吴艳红，KNOTTNERUS J D. 日常仪式化行为的形成：从雷锋日记到知青日记[J]. 社会，2007(1).

[30] 郭倩. 互动仪式链理论视角下的微博话题互动研究：以"少放鞭炮事件"为例[J]. 新闻知识，2015(9).

[31] 李启凤，吴广丽. 戈夫曼《日常生活中的自我呈现》戏剧论思想解读[J]. 重庆科技学院学报(社会科学版)，2008(10).

[32] 胡国勇. 日本学校仪式的教育史研究[J]. 华东师范大学学报(教育科学版)，2010(3).

[33] 裘晓兰. 日本："仪式控"的国度[J]. 中国德育，2012(15).

[34] 刘晓芳. 大学生隐性思想政治教育研究[J]. 当代青年研究，2006(4).

[35] 张伟. 论社会主义核心价值观的仪式化传播及其实践[J]. 湖南科技大学学报(社会科学版)，2019(2).

[36] 肖文，周俊，董英，等. 高校学生思想政治工作隐形教育及载体探索[J]. 江苏大学学报(高教研究版)，2003(1).

[37] 胡哲锋. 试论高校思想政治工作中的隐形教育载体[J]. 黑龙江高教研究，2003(2).

[38] 姚植兴. 思想政治教育渗透性的基本原则研究[J]. 洛阳师范学院学报，2012(6).

[39] 周宇. 论高校思想政治教育的渗透性[J]. 高等教育研究，2005(8).

[40] 余翠军，杨青松. 渗透性思想政治教育[J]. 思想政治教育研究，2008(1).
[41] 史华红，王富玉. 高校德育渗透性教育的研究[J]. 山西高等学校社会科学学报，2005(11).
[42] 舒毅彪. 论渗透性教育方法在大学生道德教育和价值观教育中的运用[J]. 教育与职业，2008(9).
[43] 史华红. 高校德育的渗透性教育探讨[J]. 山西高等学校社会科学学报，2004(1).
[44] 周剑虹. 感染式教育在公安院校学生思想政治工作中的作用[J]. 江苏警官学院学报，2003(6).
[45] 赵磊. "感染教育法"在西藏高校民族团结教学中的运用策略[J]. 西藏教育，2014(1).
[46] 李静静. 高校开发感染教育法推动马克思主义大众化的意义[J]. 时代教育(教育教学版)，2009(1).
[47] 唐靖. 仪式文化对群体心态的影响作用[J]. 中国农业大学学报(社会科学版)，2008(4).
[48] 余清臣. 学校文化的载体：仪式建设[J]. 教育科学研究，2005(8).
[49] 贺才乐. 思想政治教育载体研究理路[J]. 学校党建与思想教育，2003(8).
[50] 王潇，李文忠，杜建刚. 情绪感染理论研究述评[J]. 心理科学进展，2010(8).
[51] 张奇勇，卢家楣. 情绪感染的概念与发生机制[J]. 心理科学进展，2013(9).
[52] 陈纬华. 仪式的效力：理论回顾[J]. 广西民族学院学报(哲学社会科学版)，2003(S1).
[53] 邱仁富，贺争平. 思想政治教育载体系统研究的方法论基本原则管

窥[J].思想政治教育研究,2006(3).
[54] 白旋.感染式教育探析[J].基层政治工作研究,2006(7).
[55] 盛况.试论大学校园仪式的德育价值[J].黑龙江教育(高教研究与评估),2014(8).
[56] 王海洲.试析政治仪式中的声音符号及其象征意义[J].天津社会科学,2011(2).
[57] 于大海,李春花.论隐性教育的特点及其功能[J].黑龙江高教研究,2006(5).
[58] 王晋.教育仪式的社会学分析[J].教育理论与实践,2010(10).
[59] 倪辉.仪式文化在道德教育中的误解与缺失[J].南京晓庄学院学报,2015(3).
[60] DURKHEIM E. Elementary forms of religious life: conclusion [J]. The Russian Sociological Review, 2018(17).

三、学术论文类

[1] 吴晓蓉.仪式中的教育:摩梭人成年礼的教育人类学分析[D].重庆:西南师范大学,2003.
[2] 李霞.微博仪式互动的社会心理学研究:以新浪微博为例[D].天津:南开大学,2013.
[3] 李姗泽.生育文化的田野调查与教育内涵分析[D].重庆:西南师范大学,2003.
[4] 韩丽颖.当代大学生核心价值观研究[D].长春:东北师范大学,2012.
[5] 周鸿雁.仪式华盖下的传播:詹姆斯·W.凯瑞传播思想研究[D].上海:上海大学,2011.
[6] 胡宝国.当代大学生价值观生态研究[D].长春:东北师范大学,

2016.
[7] 钟启东. 习近平铸魂育人思想研究[D]. 长春：东北师范大学，2017.
[8] 张一璠. 高校思想政治理论教育内容与组织形式研究[D]. 长春：东北师范大学，2017.

后　记

正如序言所述，本书内容主要源自我的博士学位论文，以及我在攻读博士学位期间和近年来对高校思想政治教育仪式现实状况的持续关注。虽然我已完成博士学位论文，但我深感有一些内容需要深入挖掘。因此，我在上海市哲学社会科学规划课题的支持下，经进一步研究后完成了本书的写作，希望能够借此给予高校思想政治工作者借鉴和启发。同时，借本书成书之际，我要特别感谢诸位师长、同事和家人一直以来的鼓励、帮助和支持。

感谢母校东北师范大学（以下简称"东师"）的各位导师在学术上的精心指导。"一次东师行，一生东师情。"这是我第一次到东北师范大学时记忆最深刻的一句话。作为一名高校思想政治工作者，我每次回东师都有一种回"家"的感觉，那是一种对精神家园的向往，更是一种灵魂的回归。也正是带着这样的美好感受和精神期待，我有幸能够通过博士研究生阶段的学习真正成为一名东师人。于我而言，作为一名本硕皆为工科专业的“工科男”，选择攻读思想政治教育专业的博士学位是一次巨大的转变，更是一个艰难的挑战。幸运的是，在此过程中我能够结缘东师，更有幸认识人生导师杨晓慧教授、授业恩师李忠军教授和王占仁教授，从而让自己的高校思想政治工作的职业生涯能够更加长远和厚重，并让我对职业价值的理解更加深刻和痴迷。感谢母校和恩师们的教诲和指导。

感谢母校华东理工大学同事、兄弟高校同人给予我的诸多帮助。我于 2000 年从华东理工大学本科毕业后，留校从事学生思想政治教育工作，至今已有 22 年。在这一过程中，虽然我的工作岗位不时有所变化，但自己始终没有真正离开过高校思想政治工作，始终怀揣着一颗“思政的心”。这是因为，有那么多的良师益友始终给予我关心和帮助，他们的工作精神和人生态度一直感染和鼓励着我；有那么多可亲可爱的学生让我心心念念，难以割舍，他们的青春活力和蓬勃朝气给了我学习的动力和进取的决心。

特别感谢家人始终给予我最大的理解和无私的支持。他们为我的学习和工作提供了最好的保障，让我充满了学习和工作的不竭动力。此时此刻，我难以用文字表达我的心情，希望能够在未来的人生道路上用我的实际行动去回报家人。

我十分荣幸能躬身实践于高校思想政治工作，并能从其理论研究中找到自己的位置。高校思想政治工作事关党的事业、民族的未来和祖国的明天，我为自己能从事这样一项事业而感到无比自豪。面对经济全球化、网络信息化的影响，面对各种思潮、社会环境的冲击，面对新时代大学生的发展变化，如何做好大学生思想政治教育工作，我深感任重而道远。高校思想政治工作时刻在路上。

“国势之强由于人，人材之成出于学。”站在新时代，立足新起点，广大高校思想政治工作者要有新作为。我愿与所有同人一起，扎根祖国大地，肩负时代使命，全面贯彻党的教育方针，落实立德树人根本任务，共同为培养德智体美劳全面发展的社会主义建设者和接班人而努力奋斗。

王爱祥

2022 年 8 月